Schwanebeck | James Bond. 100 Seiten

** Reclam 100 Seiten **

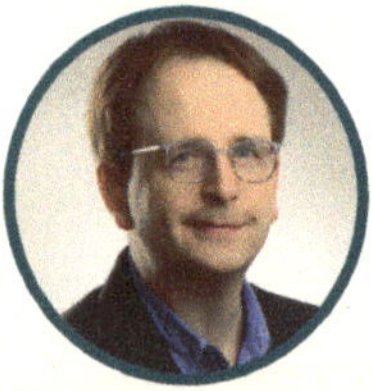

WIELAND SCHWANEBECK, geb. 1984, ist Literatur- und Kulturwissenschaftler. Er lehrt und forscht u. a. zu Humor und Populärkultur, schreibt für die Bühne und twittert unter @W_Schwanebeck. Bei Reclam erschien von ihm zuletzt *Loriot. 100 Seiten*.

Wieland Schwanebeck

James Bond. 100 Seiten

RECLAM

Für Christian und Csaba, die Roger Moore vermissen

4. Auflage

2020, 2024 Philipp Reclam jun. Verlag GmbH,
Siemensstraße 32, 71254 Ditzingen
Durchgesehene und aktualisierte Ausgabe 2024
Umschlaggestaltung: Philipp Reclam jun. Verlag GmbH
nach einem Konzept von zero-media.net
Infografik (S. 30 f.): annodare GmbH, Agentur für Marketing
Bildnachweis: S. 17: © imago images / Prod.DB; S. 39: © United Archives GmbH / Alamy Stock Photo; S. 50: © Perscheid / Distr. Bulls; S. 55: © Pictorial Press Ltd / Alamy Stock Photo; S. 78: © imago images / ZUMA Press; S. 85: © APL Archive / Alamy Stock Photo; S. 98 f.: © RichART Photos / Alamy Stock Photo
Umschlagmaterial: Creative Print, Schabert
Druck und Bindung: EsserDruck Solutions GmbH,
Untere Sonnenstraße 5, 84030 Ergolding
Printed in Germany 2024
RECLAM ist eine eingetragene Marke
der Philipp Reclam jun. GmbH & Co. KG, Stuttgart
ISBN 978-3-15-020577-8

www.reclam.de

Für mehr Informationen zur 100-Seiten-Reihe:
www.reclam.de/100Seiten

Inhalt

Die James-Bond-Filme der offiziellen Eon-Reihe

1. *James Bond jagt Dr. No* (*Dr. No*, 1962)
2. *Liebesgrüße aus Moskau* (*From Russia with Love*, 1963)
3. *Goldfinger* (1964)
4. *Feuerball* (*Thunderball*, 1965)
5. *Man lebt nur zweimal* (*You Only Live Twice*, 1967)
6. *Im Geheimdienst Ihrer Majestät* (*On Her Majesty's Secret Service*, 1969)
7. *Diamantenfieber* (*Diamonds Are Forever*, 1971)
8. *Leben und sterben lassen* (*Live and Let Die*, 1973)
9. *Der Mann mit dem goldenen Colt* (*The Man with the Golden Gun*, 1974)
10. *Der Spion, der mich liebte* (*The Spy Who Loved Me*, 1977)
11. *Moonraker – Streng geheim* (*Moonraker*, 1979)
12. *In tödlicher Mission* (*For Your Eyes Only*, 1981)
13. *Octopussy* (1983)
14. *Im Angesicht des Todes* (*A View to a Kill*, 1985)
15. *Der Hauch des Todes* (*The Living Daylights*, 1987)
16. *Lizenz zum Töten* (*Licence to Kill*, 1989)
17. *GoldenEye* (1995)
18. *Der Morgen stirbt nie* (*Tomorrow Never Dies*, 1997)
19. *Die Welt ist nicht genug* (*The World Is Not Enough*, 1999)
20. *Stirb an einem anderen Tag* (*Die Another Day*, 2002)
21. *Casino Royale* (2006)
22. *Ein Quantum Trost* (*Quantum of Solace*, 2008)
23. *Skyfall* (2012)
24. *Spectre* (2015)
25. *Keine Zeit zu sterben* (*No Time to Die*, 2021)

001 Prolog: Keiner kann es besser

Überlebenskünstler

Allmählich wird's brenzlig – der am wenigsten geheime Geheimagent der Welt rast in einem mörderischen Tempo die Skipiste hinab, vier KGB-Schergen dicht auf seinen Fersen. Dass sie von der jungen Frau auf den Plan gerufen worden sind, mit der er keine fünf Minuten zuvor noch das Bett geteilt hat, ist dem Agenten vermutlich klar, aber er scheint über den Verrat nicht verbittert zu sein. Eher dankbar für den sportlichen Wettkampf, den ihm seine Gegner liefern – schließlich hätte die Frau ja auch, wie es *Honey-Traps* in Spionagestorys zu tun pflegen, einfach selbst den Dolch zücken und ihn ins Jenseits befördern können. Derart profan, per schnöder Attacke aus dem Hinterhalt, wird in seiner Welt aber nicht gestorben. Stattdessen bekriegt man sich sportlich: auf Skiern, zu Pferd, in irrwitzig ausgestatteten Fahrzeugen, mit Kugelschreibern, die eigentlich Pistolen sind, und mit Pistolen, die zum Teil aus Kugelschreibern bestehen.

Auf der Skipiste hält sich der Agent seine Verfolger u. a. mit einem halsbrecherisch anmutenden Salto und mit einem gezielten Schuss aus seinem Skistock-Gewehr vom Hals. Kurz darauf drehen die Verfolger ab, gehen sie doch davon aus, dass ihnen der gähnende Abgrund, auf den der Agent zurast, die Arbeit abnehmen wird. Das überlebt doch kein Mensch, oder? Natürlich nicht – ein *Über*mensch freilich schon, und ein solcher ist James Bond, der seit 1953 in etlichen Büchern, Filmen, Comics und Computerspielen bewiesen hat, dass ihm feindliche Killerkommandos ebenso wenig anhaben können wie die Kontrahenten, die ihm sein Vorgesetzter M nachsagt: »eifersüchtige Ehemänner, wütende Chefs, verzweifelte Schneider«. Kamal Khan (Louis Jourdan), Bonds Gegenspieler in *Octopussy* (1983, R: John Glen), tadelt ihn für seine hässliche Angewohnheit, dauernd zu überleben (»You have a nasty habit of surviving.«), und man möchte anerkennend ergänzen: *stilvoll* zu überleben. Deshalb imponieren am Sprung in den Abgrund, mit dem Bond sich seinen Verfolgern entzieht, nicht allein der Wagemut und auch nicht der dramaturgisch wenig überraschende Fallschirm, den 007 aus dem Hut bzw. aus dem Rucksack zaubert. Was uns noch mehr beeindruckt, ist das *Muster* des Schirms – es zeigt den Union Jack, mit dem Bond seinen überlisteten Systemrivalen sozusagen den Mittelfinger entgegenreckt, bevor Carly Simon im Vorspann des Films die sprichwörtlich gewordene Hymne auf 007 singt: »Nobody Does It Better«, keiner kann es besser.

Die eben beschriebene Sequenz steht am Anfang von *Der Spion, der mich liebte* (*The Spy Who Loved Me*, 1977, R: Lewis Gilbert), dem zehnten Film der James-Bond-Reihe. Sie tummelt sich immer noch auf den vorderen Plätzen, wenn Fans und Kritiker Listen der ikonischsten und spektakulärsten Bond-Momente zusammenstellen – das tun sie im Übrigen sehr häufig. Als James Bond zur Eröffnungszeremonie der Olympischen

Sommerspiele in London 2012 einflog, klaute er bei sich selbst und griff noch einmal auf den Union-Jack-Fallschirm zurück. *Der Spion, der mich liebte* ist nicht der erste James-Bond-Film, den ich in meinem Leben gesehen habe, aber der vom Stuntman Rick Sylvester vollführte Sprung bringt das Erfolgsrezept so mustergültig auf den Punkt, dass er für mich bis heute die Bond'sche Urszene verkörpert. Das zur Schau gestellte handwerkliche Geschick ist vollkommen, die Choreographie so imposant wie präzise, Witz und Thrill ergänzen sich auf eine Art und Weise, wie man es eher von Alfred Hitchcock kennt – bei dem die Kinoversion von 007 sich einiges abgeschaut hat. In der bereits angedeuteten Verkettung dramaturgischer Unwahrscheinlichkeiten, die den lebensrettenden Sprung erst ermöglicht, drückt sich zudem ein trotziger Wille zum Unerklärlich-Märchenhaften aus, dem man sich nur schwer entziehen kann.

Der dänische Philosoph Søren Kierkegaard formuliert im 19. Jahrhundert seine Vorstellung vom *Sprung* in den Glauben – einem paradoxen Bekenntnis dazu, aller Skepsis und allem Zweifel zum Trotz jeden Tag aufs Neue das Wagnis einzugehen, sich zu Gott zu bekennen. Vielleicht ist James Bonds Sturz von der verschneiten Klippe ja in dieser Tradition zu sehen: als ein vorsätzlicher, alle Zweifel über Bord werfender Sprung ins *Und ob!*, der uns der sturen Gebote des Realismus enthebt und in der vage begründeten Hoffnung (bei Kierkegaard: im Gottvertrauen) geschieht, man werde schon sicher landen oder zumindest ein paar Zentimeter über dem Boden aufgefangen, wie Bond von den überdimensionierten weiblichen Händen, die ihn sachte in den Vorspann des Films hinüber geleiten. Es geht ja meistens etwas knapper zu bei Bond, auch der Timer der radioaktiven Sprengladung in *Goldfinger* (1964, R: Guy Hamilton) wird erst bei 007 gestoppt.

3

Was einen eingefleischten James-Bond-Fan zum Augenrollen bringt, sind weder die Kritik an einem bestimmten Film noch die nachvollziehbaren Vorbehalte gegenüber Bonds Sexismus und seinem imperialen Geprotze – schließlich lässt sich über all dies hingebungsvoll debattieren. Richtig ermüdend ist nur die mit dem Abakus angestellte Beweisführung, die die Physik der Filme als unwissenschaftlich und ihre Dramaturgie als an den Haaren herbeigezogen entlarven will. Derlei Argumente prallen an Bond ab wie Maschinengewehrkugeln an der Außenhülle seines Aston Martin DB5. Mit der gleichen Begründung könnte man sich aus dem *Rotkäppchen* verabschieden, sobald der sprechende Wolf des Weges kommt. Anders als Rotkäppchen bewegt sich James Bond aber nun einmal – wenigstens dem Anschein nach – durch *unsere* Topographie, konsumiert *unsere* Markenprodukte und nimmt an *unserer* Zeitrechnung teil. Was sollte da näherliegen, als ihn auf die für uns geltenden Gesetze der Schwerkraft einzuschwören?

Das aber ist ein Trugschluss, auch wenn sich Bonds Erfinder, Ian Fleming, mit Recht einiges auf seine exakten Schilderungen realer Schauplätze, Parfüms und Gourmetrezepte eingebildet hat. Tatsächlich kann man bei James Bond viel darüber lernen, dass der Schein trügt und uns das vermeintlich Vertraute in Wahrheit fremd ist – immerhin so viel hat Bond noch mit der klassischen Spionagegeschichte gemein, von der er sich ansonsten gründlich emanzipiert hat. Schon im ersten James-Bond-Film, *James Bond jagt Dr. No* (*Dr. No*, 1962, R: Terence Young), werden im Fünf-Minuten-Takt die kleinen Enthüllungsscharaden gespielt, die heute noch im Maskenfimmel von *Mission: Impossible* überdauern. Die scheinbar blinden Bettler sind gerissene Profikiller mit Adleraugen, die eigenen Kontaktleute arbeiten in Wahrheit für die Gegenseite, der von den Einheimischen gefürchtete Drache ist ein feuerspeiendes Panzerfahrzeug, und die harmlos aussehende Zigarette ist mit Zyankali versetzt – immerhin räumt die ansonsten ziemlich nikotinsüchtige Filmreihe mal ein, dass Rauchen tödlich ist. Auch Schauplätze sind hier häufig zu schön, um wahr zu sein. Bonds Skisprung ereignet sich angeblich im fiktiven österreichischen Skiort Berngarten, wurde aber rund um Mount Asgard gefilmt, auf der Baffininsel. Manchmal muss man in den eisigen Norden Kanadas reisen, um dem Publikum einen Eindruck von der Schönheit Österreichs zu vermitteln.

Bond und wie er die Welt sieht

Der Sprung in den Unglauben lässt sich auch mit einer berühmten Wendung verknüpfen, die auf den englischen Dichter Samuel Taylor Coleridge zurückgeht: der *Willing Suspension of Disbelief*. Coleridge meint damit das freiwillige Zurückstecken aller Skepsis angesichts eines vermeintlich unwahrscheinlichen, wenn nicht gar unmöglichen Ereignisses in einer Geschichte. Wer sich auf Märchen einlässt, darf nicht die Stirn runzeln, sobald der Frosch spricht oder das Lebkuchenhaus im Wald auftaucht. Dieser Einstiegsqualifikation bedarf es auch, wenn man in James Bonds Welt eintaucht oder aber zu Fantasy und Science-Fiction greift, also zu Genres, denen häufig mit dem Vorwurf des Eskapismus begegnet wird und die lange aus der Hochkultur ausgeschlossen wurden.

Auch Bond wird von der Kritik erst etwas ernster genommen, seitdem er sich glaubhaft zu ›unseren‹ Problemen (Ressourcenknappheit, Antiterrorkampf) bekennt und den vermeintlich aus der Luft gegriffenen Konflikten abgeschworen hat. Damit wird aber auch das Publikum aus der Verantwortung entlassen – eigentlich sollte es Bond auf halber Strecke entgegenkommen, indem es bewusst in *seine* Welt eintritt und die dort geltenden Regeln akzeptiert. Zu diesen gehört, dass allem ein bestimmter, mit Blick auf den Fortgang der Geschichte gewählter Zweck eingeschrieben ist. Die technischen Hilfsmittel, mit denen Bond auf Reisen geht, sind derart spezifisch entworfen, dass sie jeder Reisende als zu wenig alltagstauglich ablehnen würde (die aufblasbare Skijacke zum Schutz gegen Schneelawinen, eine Kamera mit eingebautem Geigerzähler), aber bei Bond erweisen sie sich verlässlich als genau die richtige Ausstattung. Es mag schon Bond-Filme gegeben haben, in denen 007 am Schluss ohne Partnerin dastand, aber keinen, an dessen Ende er in seinen Taschen gewühlt und festgestellt hätte: »Schau an, da ist ja noch eine Zigarette mit eingebauter Minirakete, die muss ich am Montag wohl unbenutzt zurückgeben – vielleicht ein andermal.«

Die Literaturwissenschaft kennt das als *Tschechows Gewehr* – wenn es im 1. Akt über dem Kamin hängt, muss es bis zum Ende des Stücks abgefeuert werden. Dieses Prinzip thront bei Bond über allem: Schurken tragen den Grund ihrer Existenz bzw. ihre Schurkenhaftigkeit im Namen (*Gold*finger ist süchtig nach Gold, Le *Chiffre* ein Zahlenspieler, *Elektra* King eine Rachegöttin), und Frauen werden anscheinend bereits bei der Geburt so benannt, dass an ihrer sexuellen Verfügbarkeit kein Zweifel besteht (Pussy Galore und Chew Mee geben zumindest im Original sehr eindeutige Versprechen ab, Xenia *Onatopp* liegt oben). Ereignisse sind auf ihren maximalen Schauwert und auf ihre Pointe hin entworfen. Am Anfang von *Leben und sterben lassen* (*Live and Let Die*, 1973, R: Guy Hamilton) beobachtet ein Geheimagent eine Trauerprozession der afroamerikanischen Gemeinde von New Orleans. Als er einen neben ihm stehenden Passanten fragt, wessen Begräbnis das sei, erhält er zur Antwort: »Deins!«, wird erstochen und fällt tot auf die Straße, wo ihn die Sargträger sofort auflesen. Aus der gut und gern fünfzig Personen starken Prozession wird im Handumdrehen eine ausgelassene Karnevalstruppe. Welche Form von Weltgeist lenkt die Abfolge dieser Ereignisse? Man muss wohl nicht erst darauf hinweisen, dass die Szene nur in ihrer Witzstruktur schlüssig ist, sonst aber keiner Betrachtung standhält, dass der Trauerzug sich unmöglich darauf verlassen kann, den Agenten an der gewünschten Stelle vorzufinden (geschweige denn, dass er sich mit der passenden Frage ausgerechnet an seinen Mörder wendet), und dass es etliche pragmatischere Mordmethoden gegeben hätte als diese aufwendige Inszenierung. Aber es ist ja, nebenbei bemerkt, ohnehin der künstlerische Ehrgeiz der Attentäter, der Bond andauernd das Leben rettet. Sie schlagen ihn im selben Film lieber bewusstlos und setzen ihn auf einer Krokodilfarm aus, statt ihn einfach zu erschießen. Der Regisseur John Landis, der sich einmal erfolglos an einem Bond-Drehbuch versuchte, erinnert sich eines wichtigen Tipps, den ihm der Produzent gab. Die Auftaktszene müsse so gestaltet sein, dass dem Publikum unmissverständlich mitgeteilt wird: »Put your brains under the seat and say ›let's go‹«, also Hirn ausschalten, und los geht's. Das ist eine etwas derbe Umschreibung der Passwortabfrage, ohne die man nicht in die Geschichte eintreten sollte. Findest du *das hier* akzeptabel? Gut – denn in den nächsten beiden Stunden gibt's noch viel mehr davon.

Dass uns James Bond solchen Glaubensprüfungen immer gleich am Anfang unterzieht, macht ihn ehrlicher als die Konkurrenz. Je häufiger man z. B. die Filme des genialen Tüftlers Christopher Nolan sieht, der mit *Inception* (2010) und

Tenet (2020) mindestens zwei verkappte Bond-Abenteuer gedreht hat, desto mehr fällt an ihnen auf, dass ihre virtuose Architektur einer Wahrscheinlichkeitsprüfung kaum standhält. Die Pläne des Jokers in *The Dark Knight* (2008) hängen an derart vielen Unwägbarkeiten, dass der Film eigentlich nur ein hervorragend inszeniertes Kartenhaus ist, das man aus sicherem Abstand bewundern, aber besser nicht anstupsen sollte. (Dass die Bond-Macher in Christopher Nolan einen Bruder im Geiste vermuten, merkt man übrigens daran, dass sie den Batman-Plot in *Skyfall* [2012, R: Sam Mendes] plagiieren.)

Und weil das Bond-Publikum eine vermeintlich wohlgeordnete Welt vorgesetzt bekommt, in der alles seinen Zweck erfüllt und jeder seinen Platz kennt, wäre es wohl auch müßig, darüber nachzudenken, was das überhaupt für ein Geheimagent sein soll, der immer schon am Flughafen oder im Hotel von seinen Gegnern erkannt wird und so diskret auftritt wie ein Elefant im Porzellanladen. Beispielsweise soll sich Roger Moore in seinem letzten Einsatz als James Bond in *Im Angesicht des Todes* (*A View to a Kill*, 1985, R: John Glen) inkognito auf das Anwesen von Max Zorin (Christopher Walken) einschleichen – zur Tarnung wählt er die Identität des flirtfreudigen Playboys »James St. John Smythe«, erscheint also zum Kostümfest verkleidet als er selbst, schläft mit der Gehilfin des Gegenspielers und wird binnen eines Tages enttarnt.

Das Phänomen

Nicht jeder Mensch dürfte seine Kinobiographie anhand der James-Bond-Reihe vermessen, aber sie bietet gute Orientierungspunkte, egal ob man die Zeitgeschichte oder nur eigene

Erinnerungen sortieren möchte. Mein erster James-Bond-Film im Kino war Nr. 2 aus der Ära Pierce Brosnan, *Der Morgen stirbt nie* (*Tomorrow Never Dies*, 1997, R: Roger Spottiswoode), und es war ein aufregendes Erlebnis. Nicht, weil ich damals eine besondere Affinität zu Bond verspürt hätte, sondern weil die FSK diesem Film, in dem wie in den meisten James-Bond-Filmen leidenschaftlich geliebt, anzüglich gescherzt und mitleidlos getötet wird, eine Altersfreigabe ab 16 verliehen hatte, immerhin drei Jahre über meinem Horizont. Meine Eltern haben mich dennoch mitgenommen, vielleicht weil die touristischen Qualitäten der James-Bond-Filme und ihre offensiv zur Schau gestellte *Dolce-Vita*-Attitüde familienfreundlich genug wirkten. James Bond ist dann noch eine ganze Weile eine feststehende Verabredung im innerfamiliären Kinokalender geblieben. Die Angst vor dem FSK-Siegel hatte sich ohnehin schnell erübrigt, zumal seit *Die Welt ist nicht genug* (*The World Is Not Enough*, 1999, R: Michael Apted) in Deutschland keinem James-Bond-Film mehr die Freigabe ab 12 verweigert wurde.

Das Zielpublikum ist das gleiche geblieben, hat aber im 21. Jahrhundert die bislang radikalste Zäsur der Reihe miterlebt: den Reboot mit Daniel Craig, dessen Casting Teile des Publikums zunächst vor den Kopf stieß (zu ernst! zu brutal! zu blond!). Für die Generation meiner Eltern stand Sean Connery als Prototyp von 007 fest, und mit diesem verbindet sich auch die Erinnerung an eine Zeit, in der sogar der Anführer der freien Welt die charismatische Ausstrahlung eines James Bond besaß. John F. Kennedy zählte den Fleming-Roman *Liebesgrüße aus Moskau* (1957) zu seinen Lieblingsbüchern und sah dessen Verfilmung kurz vor seiner Ermordung. Zu Beginn des 21. Jahrhunderts ähnelte James Bond äußerlich eher dem *russischen* Präsidenten, aber das hat seiner Beliebtheit nicht geschadet. Weder das Bond-Phänomen noch die westliche Zivilisation sind an Daniel Craigs Haarfarbe zugrunde gegangen; die 007-Geschichten werden inzwischen sogar – und das kommt einem Fan dann doch beinahe verdächtig vor – von der Kritik gefeiert und als seriöse Kommentare zum Zeitgeschehen diskutiert.

Dass 007 die weltweiten Kinocharts (wieder) dominiert, versteht sich ohnehin von selbst. Nach einem Popularitätstief gegen Ende der 1980er Jahre, als der Kalte Krieg an sein Ende kam, Bond in eine Identitätskrise geriet und von den US-Blockbustern abgehängt wurde, ist die Welt spätestens seit *Casino Royale* (2006, R: Martin Campbell) wieder in Ordnung. Auch die Besucherzahlen stimmen. Während US-amerikanische Blockbuster wie die *Star-Wars*-Reihe ungefähr die Hälfte ihres Umsatzes an den heimischen Kinokassen erwirtschaften, stammen James Bonds Einnahmen nur zu rund einem Viertel aus den USA. Besonders in Europa gilt schon seit langem, dass die chronisch kriselnde Kinobranche an Bond genesen kann; in der BRD z. B. hat noch kein 007-Abenteuer die Top Ten der besucherstärksten Filme des Jahres verfehlt. Sogar während der Coronapandemie konnte Bond den Kinos zeigen, wo es langgeht. Im März 2020 gaben die Produzenten bekannt, dass die Veröffentlichung des ohnehin überfälligen neuen Films, *Keine Zeit zu sterben* (*No Time to Die*, R: Cary Joji Fukunaga), aufgrund von Covid-19 um mehrere Monate verschoben werden würde (bevor der Start abermals vertagt wurde). Zahlreiche Großproduktionen sollten Bonds Beispiel folgen – er blieb ein Trendsetter, auch wenn sich der Start letztlich so häufig verzögerte, dass der Film als *More Time to Die* verspottet wurde. Als *Keine Zeit zu sterben* dann endlich in die Kinos kam, fand er schnell sein ausgehungertes Publikum und führte u. a. in Großbritannien und Deutschland mit weitem Abstand die

James Bond an der Kinokasse

Die größten Blockbuster

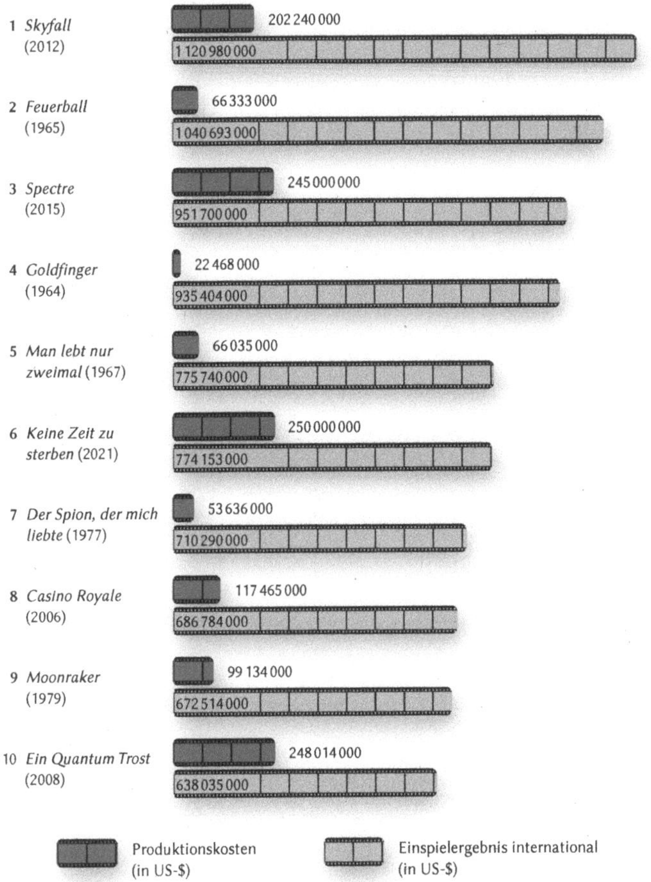

Angegeben sind die inflationsbereinigten weltweiten Einspielergebnisse und Produktionskosten. Schätzungen laut www.chance.amstat.org, www.ultimatemovierankings.com und www.boxofficemojo.com. Stand: 2023.

Jahrescharts an. Irgendwie war es sogar gelungen, Daniel Craigs Abschiedsvorstellung passend zum Pandemiegeschehen zu entwerfen, denn 007 bekommt es hier mit dem tödlichen Heracles-Virus zu tun, das ein maskierter Irrer auf die Bevölkerung loslassen will. Am Schluss trägt Bond das Virus selbst in sich und steht vor der Frage, ob er in alle Ewigkeit auf Sicherheitsabstand zu seiner Familie gehen kann. Er wird den Heldentod der Quarantäne vorziehen.

Seit den 1950er Jahren ist James Bond angehimmelt und kritisiert, für unzeitgemäß erklärt und wiederentdeckt, psychologisch vermessen und quantifiziert worden. Bekannt ist die Zahl der in allen Filmen von ihm getrunkenen Wodka Martinis (26), seiner sexuellen Eroberungen (54) und der von ihm getöteten Gegenspieler (mehr als 600, wovon allein ein Drittel auf die Explosion von Blofelds Hauptquartier in *Spectre* entfällt). Kein Filmquiz ohne James-Bond-Zitate, von den einschlägigen (»Nein, Mr. Bond – ich erwarte von Ihnen, dass Sie *sterben*!«) bis hin zu den eher obskuren (»Klaus Hergersheimer, Sektion G, ich überprüfe die Strahlungsplaketten.«). Das letzte Wort hat ohnehin meist Bond selbst, wenn er nach getaner Arbeit mit einem lockeren Spruch die Krise für überwunden erklärt, bevor der Abspann dem Publikum versichert: *James Bond will return.*

Die folgenden Kapitel führen in die Entstehung sowie die historische Entwicklung des James-Bond-Stoffs ein und werfen zugleich einen Blick auf die wichtigsten Bausteine des Bond-Phänomens. Zitate aus den James-Bond-Filmen folgen den deutschen Synchronfassungen, alle weiteren Zitate aus dem Englischen wurden von mir selbst übersetzt.

002 Sein Name sei Bond

Die Anfänge

Schuld ist natürlich eine Frau gewesen – jedenfalls Ian Fleming zufolge. Auf die Frage, was ihn dazu bewogen habe, es mit Mitte Vierzig plötzlich seinem älteren Bruder Peter gleichzutun und Romane zu schreiben, verwies der Autor auf seine nahende Heirat, die ihn so nervös gemacht habe, dass er sich ablenken musste. Fleming, der 1908 als Sohn eines konservativen, mit Churchill befreundeten Politikers in London zur Welt kam, konnte zu diesem Zeitpunkt bereits auf ein bewegtes Leben zurückblicken. Nicht nur seine Steckenpferde qualifizierten ihn für die Erfindung von James Bond (er interessierte sich für Technik, sprach gern dem Alkohol zu und ging mit Jacques Cousteau auf Tauchgang), auch seine Erfahrungen als Börsenmakler, Auslandskorrespondent und Navy-Stratege im Zweiten Weltkrieg dürften ihm zugutegekommen sein. Berührungspunkte mit den Geheimdiensten gibt es bei vielen, die sich in der Spionageliteratur einen Namen gemacht haben: William Somerset Maugham, Graham Greene, John le Carré. (Was wohl die britische Regierung davon hält, dass so viele ihrer Ehemaligen ›auspacken‹? Stella Rimington, die in den 1990er Jahren den Inlandsgeheimdienst MI5 leitete, hat seit ihrer Pensionierung einige Spionageromane veröffentlicht.)

Bekannt ist, dass sich Fleming den Namen seines Helden bei einem Ornithologen abguckte, der ein Standardwerk über die Vogelvielfalt der Karibik verfasst hatte (*Birds of the West Indies*, 1936) und mit dessen Frau er später ein paar Briefe wechselte – in einem bot er ihr scherzhaft an, ihr Mann könne ja aus Rache »eine besonders abscheuliche Vogelart« nach ihm benennen. Für den Erfolg von James Bond dürfte der auffallend unauffällige Name ebenso wichtig gewesen sein wie die Vorbilder, bei denen sich Fleming bediente. Dazu zählten reale Kriegshelden (u. a. sein Bruder) ebenso wie fiktive Spione, z. B. der in mehreren Büchern von John Buchan auftretende Richard Hannay. Alfred Hitchcocks Buchan-Verfilmung *Die 39 Stufen* (*The 39 Steps*, 1935), in der Robert Donat einen verschmitzten und sehr charmanten Hannay spielt, nimmt bereits viel Bond-Typisches vorweg.

Aber Fleming bediente sich nicht bloß gekonnt bei anderen, er setzte auch erfolgreich eigene Akzente innerhalb des Spionagegenres. Zu seinem literarischen Spleen wurden die zahllosen Marken und Konsumgüter, die er mit ethnographischer Detailtreue in seinen Büchern festhält. Wir sind als Leser immer darüber im Bilde, was Bond frühstückt und welche Zigarettenmarke er raucht. Nebenbei erfahren wir bei Fleming, dass ein ›richtiger‹ Mann keinem Laster abgeneigt ist, sich im abgebrühten Tonfall der US-amerikanischen *Hard-boiled*-Krimis unterhält und welchem Prominenten Bond ähnlich sieht (dem Liedermacher Hoagy Carmichael, der u. a. den Ohrwurm »Georgia on My Mind« geschrieben hat). Der erste Band, *Casino Royale* (1953), ist noch ein dicht gearbeitetes Kammerspiel ohne große Reiseroute, demonstriert aber bereits viele von Flemings Stärken. Die folgenden Romane, deren Plots extravaganter und deren Settings immer exotischer wurden, brachten dem Bond-Regisseur Terence Young zufolge Hollywoodglamour ins Nachkriegsengland, wo »das Essen und das Gas streng rationiert waren und das Leben keinen Spaß machte. Ians Bücher erinnerten uns an eine andere Welt, in der es vorzügliches Essen, schöne Autos und luxuriöse Hotels gab.«

Die Exotik hatte sich Fleming übrigens nicht in einer englischen Mansarde zusammenfantasiert – er schrieb auf seinem jamaikanischen Anwesen Goldeneye, wo er Jahr um Jahr den englischen Winter aussaß, täglich einige tausend Wörter in die Tasten haute und binnen zwei Monaten seine Manuskripte abschloss. Zwischen 1953 und 1965 erschienen zwölf Bond-Romane und mehrere Kurzgeschichten. Flemings Produktivität ist ihm angelastet worden, aber den Autor, der auch Reiseberichte, Kinderbücher und zahllose Kolumnen für die *Times* schrieb, pauschal als geistlosen Vielschreiber abzutun, wäre nicht fair. Fleming ist ein versierter Stilist, dessen minutiöse Beschreibungen weit über dem Genredurchschnitt liegen und der mit sicherem Strich Schauplätze und Stimmungen skizziert. Sportliche Wettkämpfe wie Bonds Golfmatch gegen Auric Goldfinger und seine Bridgepartie mit Hugo Drax gestaltet Fleming auch über dreißig bis vierzig Seiten Erzählzeit kurzweilig, seine Plots sind effektiv durchkomponiert, die Spannungsbögen virtuos konstruiert – Bonds nächtliche Flucht aus der Alpenfestung Piz Gloria (*Im Geheimdienst Ihrer Majestät*, 1963) ist ein Glanzstück des literarischen Thrillers. Es ist – und das ist nicht abschätzig gemeint – Prosa nach dem Lego-Prinzip: üppig in den Details und ziemlich robust. Dass die Spielfiguren keine lebensechten Gesichter tragen, mindert den Unterhaltungswert nicht. Der US-amerikanische Krimigigant Raymond Chandler riet Fleming, mehr Zeit und Mühe zu investieren, um als seriöser Schriftsteller Anerkennung zu finden. Aber da ist der große Chandler etwas ungerecht. Fleming arbeitete durchaus mit Bedacht und erledigte auch seine Hausaufgaben gewissenhaft; legendär sind seine Briefwechsel mit Waffen- und Slang-Fachleuten, bei denen er sich Expertise holte, und als Leser ihn darauf hinwiesen, dass er dem Orientexpress versehentlich hydraulische Bremsen angedichtet hatte, machte ihm das sehr zu schaffen.

Mehr zu kauen als an der sorgfältig gestalteten Oberfläche hat man heute ohnehin am ideologischen Ballast der Bücher, und das gilt sowohl für Flemings Darstellung unterschiedlicher Ethnien als auch für sein krudes Geschlechterbild. Frauen *wollen* in diesen Büchern genommen und dominiert werden (*No means yes!*), Männlichkeit heißt dagegen Zupacken, die Ärmel hochkrempeln und auf Risiko spielen. Sich selbst inszenierte Fleming gern als lässigen Naturburschen, den intellektuellen Salonzirkel seiner Frau verspottete er als einen Haufen weltfremder Weicheier. Engen Freunden enthüllte Fleming dagegen auch eine andere Seite: die eines bibliophilen Feingeists, der über immensen Kunstsachverstand verfügte und eine stolze Sammlung historischer Erstausgaben besaß, darunter ein Exemplar des *Kommunistischen Manifests*. Mit Introspektion konnte Fleming aber weder privat noch in seiner Arbeit etwas anfangen. Selbstreflexion hielt er für Zeitverschwendung, wie er in seinen Tipps für angehende Autoren anmerkt: Gründliche Recherche und hohe Produktivität sind das A und O, bloß nicht zu viel nachdenken. Flemings rasantes Schreibtempo schlägt sich im Erzähltempo nieder, sodass sein Verlag ihn wiederholt ermahnen musste, nicht so viele Sätze mit »Und« zu beginnen, sondern lieber mal durchzuatmen. Der Mangel an Verschnaufpausen forderte schließlich seinen gesundheitlichen Tribut, als Fleming auf dem Höhepunkt seines Ruhms war – er starb 1964 mit gerade einmal 56 Jahren, am 12. Geburtstag seines Sohns und wenige Wochen vor der Premiere von *Goldfinger*.

Seines Helden war Fleming da bereits überdrüssig geworden. Schon am Ende von Band 5, *Liebesgrüße aus Moskau*, lässt er Bond über die Klinge springen, so wie der genervte Arthur Conan Doyle einst Sherlock Holmes die Reichenbach-Fälle

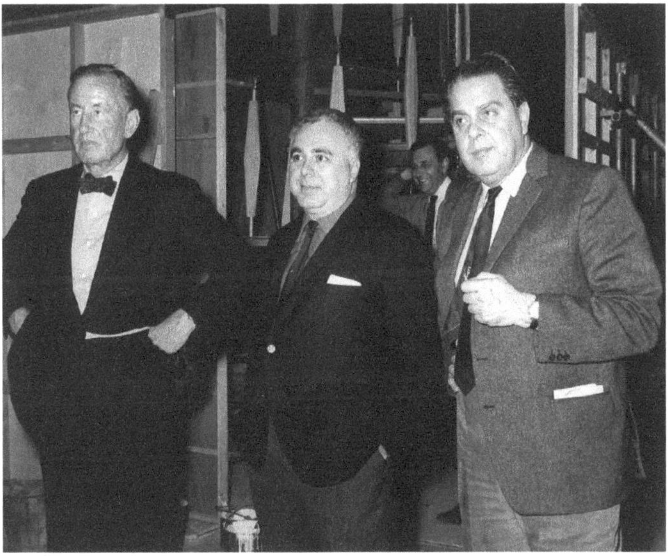

Ian Fleming (l.) besucht den Dreh von *Goldfinger* (1964), neben ihm die Produzenten: Harry Saltzman (M.) und Albert R. Broccoli (r.)

hinabschubste. Doch auch Fleming gab dem Druck des Publikums nach und machte ›lebenslänglich‹ Bond, bezeichnete sich selbst gar als dessen Biographen. Zugleich ließ er es sich nicht nehmen, die Fans zu quälen, indem er ihnen von Zeit zu Zeit Storys vorsetzte, die nur wenig mit der James-Bond-Formel zu tun hatten. Der Kompromiss zwischen Vertrautem und Innovativem sollte auch für die Produzenten der Filmreihe zum Dauerproblem werden.

Der Leinwandheld

Zum ›Kanon‹ der James-Bond-Verfilmungen werden heute nur die von der Firma Eon produzierten Filme gezählt, aber so bruchlos, wie die offizielle Eon-Familiengeschichte suggeriert, ist Bonds Kinogeschichte nicht verlaufen. Bereits in den 1950er Jahren gab es mehrere Anläufe, die Bücher zu verfilmen, denn Fleming wartete nicht auf Offerten der ganz großen Filmstudios. Wer ihm ein halbwegs lukratives Angebot unterbreitete, konnte mit Fleming schnell ins Geschäft kommen. Die Produzentin Ann Marlow z. B. erhielt von ihm aus einer Laune heraus die Vollmacht, seine Fernseh- und Rundfunkrechte zu vertreten; als dann Flemings *eigentliche* Agentur den Filmdeal mit Eon vorbereitete, musste er zerknirscht den handgeschriebenen Zettel zurückfordern, mit dem er sich an Marlow gebunden hatte.

Dass die offizielle James-Bond-Reihe erst 2006 eine Verfilmung des allerersten Bond-Romans stemmen konnte, hat ähnliche Gründe. Der US-amerikanische TV-Sender CBS, der stets auf der Suche nach Material für seine live ausgestrahlten Fernsehspiele war, erwarb 1954 die Rechte an *Casino Royale* und machte den Kalifornier Barry Nelson zum ersten James-Bond-Darsteller. Fleming verhandelte in den folgenden Jahren immer wieder mit Film- und Fernsehleuten, deren Pläne aber im Sande verliefen. Erfolg hatten dann erst zwei unabhängige Produzenten aus Nordamerika namens Harry Saltzman und Albert R. Broccoli. Ersterer hatte sich seine Sporen im Filmgeschäft mit seriösen englischen Literaturverfilmungen verdient, letzterer mit eher bescheidenem Erfolg als Regieassistent und Produzent auf seinen großen Durchbruch hingearbeitet. Saltzman erwarb bei Fleming eine Option auf das Gesamtwerk, gründete mit Broccoli 1961 Eon Productions und rang der Filmgesellschaft United Artists ein Budget von einer Million Dollar für die Produktion von *Dr. No* ab, dessen überraschender Erfolg einen wahrhaftigen James-Bond-Hype auslöste: Einige New Yorker Kinos sollen vierundzwanzig Stunden am Stück *Feuerball* (*Thunderball*, 1965, R: Terence Young) gezeigt haben. Binnen kurzer Zeit schossen sowohl die Budgets als auch die Einspielergebnisse der Filme in die Höhe. Der Erfolg entzweite aber auch die Produzenten. In den 1970er Jahren wechselten sich beide mit der Verantwortung für den jeweils nächsten Film ab, bevor sich der verschuldete Saltzman ausbezahlen ließ und Broccoli das alleinige Sorgerecht für 007 erhielt – noch heute produzieren seine Erben die Filme und wachen mit Argusaugen über ›ihren‹ James Bond.

Dr. No bildet zwar den Auftakt der Reihe, aber die Meinungen darüber, welcher denn nun der erste ›richtige‹ James-Bond-Film ist, gehen auseinander. Ist es nicht vielleicht doch der Nachfolger, *Liebesgrüße aus Moskau* (*From Russia with Love*, 1963, R: Terence Young), der sich vom B-Movie-Charme des preiswert produzierten Erstlings emanzipiert, in dem es plötzlich auch einen wuchtigen Titelsong gibt, Bond auf Q trifft und sich mit dem ersten vermeintlich unbezwingbaren Gefolgsmann herumschlagen muss? Ist die Nr. 3, *Goldfinger*, das ›wahre‹ Debüt, weil hier die traditionelle Spionagegeschichte zugunsten des Fantastischen aufgegeben wird? Die Frage, wie viele dieser Bausteine ein ›richtiger‹ James-Bond-Film haben muss, befeuert noch heute Fandebatten und musste 1963 sogar vor Gericht verhandelt werden. Schuld war Fleming, der sich vor dem Eon-Angebot mit einer Reihe von Ko-Autoren selbst an einem James-Bond-Drehbuch versucht hatte. Aus dem Film wurde nichts, aber als Fleming Anfang der 1960er Jahre einen Stoff für das nächste Bond-Abenteuer brauchte, griff er kurzerhand auf das Filmexposé zurück und machte daraus den Roman *Feuerball* (1961). Der Produzent Kevin McClory und der Drehbuchautor Jack Whittingham bezichtigten Fleming des Plagiats und klagten auf eine adäquate Vergütung, die sie auch bekamen; zudem verweisen heutige Auflagen des Buchs *Feuerball* im Impressum auf Flemings Mitstreiter. Wäre es nur um ein paar vereinzelte Ideen gegangen, hätte man sich vermutlich schneller einigen können, aber die Innovationen von *Feuerball* – der Atomwaffenplot, der erste Auftritt des Superschurken Blofeld, das Terrornetzwerk SPECTRE – sollten zu Bond-Dauerbrennern werden und wurden von Anfang an auch in die Filme eingearbeitet. Die Klage zog also weitere Kreise, und der Gerichtsprozess führte zu einer kuriosen Konstellation: McClory bekam nämlich das Recht zugesprochen, nach zehn Jahren ein eigenes *Feuerball*-Remake herauszubringen. Das entstand dann mit *Sag niemals nie* (*Never Say Never Again*, 1983, R: Irvin Kershner), Sean Connerys Bond-Comeback mit 52 Jahren, in dem der Schauspieler sehr selbstironisch, aber auch mit der leicht gespenstischen Aura eines Schlafwandlers agiert, der all das schon einmal erlebt hat.

Sag niemals nie genießt keinen hohen Stellenwert unter Fans, die zu viele Bond-Elemente vermissen, an denen Eon die Rechte hielt.

»Die Gefahr von radioaktiven Strahlen in der Verfügungsgewalt eines Einzelnen sollte wohl ernst genommen und nicht zum Spielball eines Frauenhelden werden!«

Der *Evangelische Filmbeobachter* in seiner Kritik zum ersten James-Bond-Film, 1963

Um Filme mit Wiedererkennungswert zu schaffen, vertraute man bei Eon jahrelang auf ein eingespieltes Team, zu dem u. a. Richard Maibaum (Drehbuch), John Barry (Musik), Ken Adam (Ausstattung), Bob Simmons (Stunts) und die später zu Regisseuren beförderten Cutter Peter Hunt und John Glen gehörten. Für die ikonischen Vorspannsequenzen sorgte erst Maurice Binder, später Daniel Kleinman. Sowohl angesichts der unübersichtlichen Gemengelage rund um *Feuerball* als auch der auf viele Schultern verteilten Verantwortung für die Marke Bond fragt der Schriftsteller Len Deighton: »Wer ist denn nun wirklich James Bonds Vater? Offenbar ist er ein Kind von unbekannter Herkunft. Und man braucht wohl kein Wörterbuch, um zu wissen, wozu ihn das macht.« Nicht zuletzt aus diesem Grund wird auch heute noch gern Urahne Fleming angerufen, sobald sich die James-Bond-Familie auf ihre Wurzeln besinnen möchte. Die Formel »Zurück zu Fleming!« leistet ein wenig Abbitte dafür, dass sich die Produzenten spätestens ab den 1970er Jahren lieber auf ihr eigenes Erfolgsrezept verließen, anstatt sich um Werktreue zu bemühen. Beim Dreh von *Moonraker* (1979, R: Lewis Gilbert) soll Broccoli gefragt worden sein, warum man nicht einfach der Romanhandlung gefolgt sei, die sei doch sehr gut gewesen. Der Produzent entgegnete, für seine Zwecke sei

Man macht's nur einmal –
Kuriose Premieren und Momente in der Bond-Reihe

1953 Bond meldet sich zum Dienst. (*Casino Royale*; Roman)
1954 Erste Verfilmung fürs US-Fernsehen (*Casino Royale*; TV-Film)
1961 Erstes Aufeinandertreffen mit Blofeld (*Feuerball*; Roman)
1962 Der erste Film der Eon-Reihe (*Dr. No*; Film)
1964 Bond schwängert eine Frau. (*Man lebt nur zweimal*; Roman)
1964 Bond disst die Beatles. (*Goldfinger*; Film)
1967 Bond tarnt sich als Japaner. (*Man lebt nur zweimal*; Film)
1969 Bond heiratet – und wird Witwer. (*Im Geheimdienst Ihrer Majestät*; Film)
1969 Bond trägt Kilt. (*Im Geheimdienst Ihrer Majestät*; Film)
1969 Bond steht am Kopierer. (*Im Geheimdienst Ihrer Majestät*; Film)
1969 Bond liest den Playboy. (*Im Geheimdienst Ihrer Majestät*; Film)

Flemings Geschichte zu altmodisch: »Da kommt ja nur eine poplige kleine Atombombe drin vor.« Da war es nur folgerichtig, Fleming im Vorspann nur noch die Urheberschaft an der Figur (»Roger Moore *as Ian Fleming's* James Bond in …«), nicht aber an den Geschichten einzuräumen. Bis 1987 stammen alle Filmtitel noch aus dem Fleming-Archiv, aber die wenigsten greifen seine Geschichten auf. Etabliert hatten sich stattdessen die MacGuffin-Plots in der Tradition von Hitchcock: Bond verfolgt die Spur eines entwendeten Tokens (typischerweise: Mikrochips und Dechiffriergeräte), bereist malerische Reise-

1977	Bond kooperiert mit dem sowjetischen Geheimdienst. (*Der Spion, der mich liebte*; Film)
1979	Kurz nach *Star Wars* fliegt Bond ins All. (*Moonraker*; Film)
1981	Bond schlägt eine Einladung zum Sex aus. (*In tödlicher Mission*; Film)
1983	Bond trägt Clownskostüm. (*Octopussy*; Film)
1985	Bond ermittelt in der Computerindustrie. (*Im Angesicht des Todes*; Film)
1985	Bond backt eine Quiche. (*Im Angesicht des Todes*; Film)
1987	Bond bleibt im AIDS-Zeitalter einen Film lang monogam. (*Der Hauch des Todes*; Film)
1995	Bond bekommt eine Chefin. (*GoldenEye*; Film)
2002	Bonds erster Orgasmus (*Stirb an einem anderen Tag*; Film)
2015	Monica Bellucci wird mit 50 zum ältesten Bond-Girl. (*Spectre*; Film)
2021	Bond lernt seine Tochter kennen – und stirbt. (*Keine Zeit zu sterben*; Film)
2022	Bond besucht die DDR und fährt Trabant. (*With a Mind to Kill*; Roman)

ziele und verführt in den Verschnaufpausen seiner Schatzsuche zwei bis drei Frauen. Zum Massenphänomen wurde ein Kind der Swinging Sixties und nicht Flemings mürrischer, reaktionärer Staatsdiener. In der Verfilmung von *Goldfinger* watscht Sean Connery noch die Beatles mit der großväterlichen Bemerkung ab, man solle ihnen besser nicht »ohne Ohrenschützer« zuhören, aber am Ende des Jahrzehnts war er ein ebenso wichtiger Popkultur-Botschafter wie die Fab Four: jung, hip, *made in Britain*. (Die Beatles waren im Übrigen nicht nachtragend: Paul McCartney hat den Titelsong zu *Leben und sterben lassen* geliefert, Ringo Starr die aus *Der Spion, der mich liebte* bekannte Schauspielerin Barbara Bach geheiratet.)

Die Produzenten geloben heute so regelmäßig, mit dem nächsten Projekt wieder das Andenken Flemings ehren zu wollen, wie uns das Feuilleton versichert, das neue Bob-Dylan-Album sei »das beste seit Jahren«. So wird das strategische Bekenntnis zum Autor der literarischen Vorlagen immer dann wichtig, wenn die Serie nach allzu extravaganten Ausflügen ins Fantastische wieder festen Boden unter die Füße bekommen soll. Deshalb folgte auf das Weltraumabenteuer *Moonraker* mit *In tödlicher Mission* (*For Your Eyes Only*, 1981, R: John Glen) der einzige wirklich geerdete Bond-Film mit Roger Moore, und auf Pierce Brosnans märchenhafte Reise im unsichtbaren Auto, *Stirb an einem anderen Tag* (*Die Another Day*, 2002, R: Lee Tamahori), der schweißtriefende Reboot mit Daniel Craig.

Bonds Baukasten

Im Jahr 1982 besuchte ein Fernsehteam der BBC den Dreh des 13. James-Bond-Films, *Octopussy*, und versuchte Roger Moore Details über den Plot zu entlocken. Moore entgegnete, dass es im Film »um so einen Geheimagenten namens James Bond« gehe, und auf die Bemerkung des Reporters, das sei ja wohl bekannt, schob der Schauspieler nach einer kurzen Denkpause hinterher: »Es gibt auch einen Schurken!« Die schelmische Antwort enthüllt, dass die Frage selbst Blödsinn ist – denn warum sollte ausgerechnet die *Handlung* eines James-Bond-Films das Publikum interessieren? Da es von vornherein weiß, dass jeder neue Film nach dem gleichen Baukastenprinzip verfährt, braucht es nicht zu wissen, welcher Handlungsfaden die einzelnen Teile zusammenhält. Interessant ist, wer *diesmal* den Schurken spielt, welche Hilfsmittel Bond *diesmal* von Q erhält und welche Verkehrsmittel (Autos, Skier, Motorräder, Boote) *diesmal* in der großen Verfolgungsjagd demoliert werden.

Roger Moores Antwort umspielt auch das große Rätsel der Bond-Reihe – wie sich mit einem Minimum an Plot-Innovationen über Jahrzehnte ein treues Publikum ins Kino locken lässt. Das spricht für die Unverwüstlichkeit der bekannten Formel, die in der Erzählforschung als Heldenreise bzw. als Monomythos bekannt ist und die schon mindestens seit der Antike funktioniert – *if it ain't broke, don't fix it.* Auf den Ruf des Abenteuers folgen die Durchquerung des Gefahrenwalds und schließlich die Heimkehr. Bond ist von Erzählforschern u. a. mit Odysseus verglichen worden, auf den daheim die treue Penelope (Moneypenny) wartet, von seinem Erfinder im Roman *Goldfinger* (1959) sogar mit Englands Schutzpatron St. George, dem heiligen Drachentöter. Eine jahrhundertealte Legende kann leicht in modernem Gewand erstrahlen: Prinzessinnen im Bikini, Schlachtrösser mit 400 PS und natürlich ›Schwerter‹, aus denen Laserstrahlen schießen. Das *Kingsman*-Franchise, eine seit 2012 bestehende Comic- und Filmreihe, wird gelegentlich als Parodie der James-Bond-Filme bezeichnet, ist aber eher eine Bond-*Hommage*, die nur etwas offener mit dem Alter des Stoffs umgeht – hier heißen die Agenten wie die Ritter der Tafelrunde, werden die Zaubermittelchen von einem Merlin bereitgestellt und wird am Schluss eine richtige Prinzessin gerettet.

Damit die Ritterrüstung nicht gar so blechern kracht, haben sich die Bond-Produzenten manchmal derart von popkulturellen Trends und ihrem Hightech-Fimmel leiten lassen, dass einige der Filme geradezu *verzweifelt* zeitgemäß wirken. Als 1975 *Der weiße Hai* das Kinopublikum in Atem hielt, bekam Bond umgehend einen Haie beißenden Gegenspieler verpasst, der in Anlehnung an den Spielberg-Titel im Original *Jaws* heißt; nur wenig später folgte auf den Erfolg von *Krieg der Sterne* (*Star Wars*, 1977, R: George Lucas) Bonds Abstecher ins Weltall. (Wenn Bond verspätet den Zeitgeist umgarnt, kommt so etwas wie Madonnas bizarres Gastspiel in *Stirb an einem anderen Tag* heraus.) Bis heute ist die Reihe nicht immun gegen das jeweilige Modefieber der Saison. Auf den Erfolg der Jason-Bourne-Filme mit ihren hektisch geschnittenen Kampfszenen reagierte das Bond-Team so wie der FC Bayern, sobald er die Konkurrenz im Nacken spürt: durch Plünderung des gegnerischen Kaders, unabhängig davon, ob der gekaufte Spieler ins eigene System passt. Das Engagement des Bourne-Stuntkoordinators Dan Bradley machte *Ein Quantum Trost* (*Quantum of Solace*, 2008, R: Marc Forster) zu einem nervösen und wortkargen Bond-Film mit deutlich veränderter Ästhetik. Dass es die saisonalen Moden sind, die uns im Rückblick am unbarmherzigsten datieren, gilt im Übrigen auch für jene Soundtracks, auf denen die charakteristischen Bond-Arrangements Discoklängen weichen.

Das bedeutet nicht, dass es gar keine Innovation auf der Ebene der *Geschichten* gegeben hätte, allerdings wiederholen sich die Plots regelmäßig: Immer wieder wird ein Atomsprengkopf vermisst, Bond gefangengenommen und das Schicksal der Menschheit im Zweikampf entschieden. Dass ein James-Bond-Abenteuer aus einer überschaubaren Menge von Versatzstücken besteht, sprach sich schnell herum. Umberto Eco gehörte zur ersten Generation von Intellektuellen, die sich näher mit 007 befassten. Für den literarischen Spurenleser beruht das Bond-Phänomen auf nicht mehr und nicht weniger als gekonnt praktiziertem Schematismus: einer *ars combinatoria* aus neun Situationen von A bis I (»der Auftrag«, »die Verführung«, »die Gefangenschaft« usw.), die einem typischen Verlauf folgen. Immerhin gibt es unterschiedliche Kombinationsmöglichkeiten – laut Eco folgt z. B. der Roman *Goldfinger* dem Schema B-C-D-E-A-C-D-F-G-D-H-E-H-I. Das sture Aufstellen solch mathematischer Formeln ist das täglich Brot der Strukturalisten, aber Formeln verraten nichts über die Strahlkraft von James Bond. Man denke an den alten Witz von den beiden Häftlingen, die sich schon so lange eine Zelle teilen, dass sie ihr gesamtes Witzrepertoire durchnummeriert haben, sich nur noch durch Nennung einzelner Zahlen zum Lachen bringen (»Siebenundvierzig!« – »Hahaha!«), den ›Neuen‹ in der Zelle aber gleichwohl darüber belehren, dass man den Witz auch richtig erzählen können muss.

Eco nennt die einzelnen Versatzstücke *Spielsituationen*, was thematisch zu Bond passt: Der Held hat einen Gegen*spieler*, wird vom Waffenschmied Q mit *Spiel*zeug beliefert und vertreibt sich die Zeit zwischen zwei Verfolgungsjagden mit Glücks- und Liebes*spiel*, in *Sag niemals nie* sogar an einer Videospielkonsole. Eine weitere Spielebene ist mit der Amtszeit von Pierce Brosnan hinzugekommen: die der Selbstreferentialität. Fürs Publikum werden die bekannten Versatzstücke nur angedeutet und dann dem Blick entzogen oder aber mit einer Pointe versehen. Daniel Craigs Debütfilm, *Casino Royale*, erfindet Bond einerseits fürs 21. Jahrhundert neu, spielt aber andererseits permanent mit dem Vorwissen des Publikums: Das bekannte musikalische Thema kommt erst am Schluss, der traditionelle Anfang mit dem Pistolenlauf ergibt sich erst aus der Filmhandlung, und auf die Frage des Barkeepers, ob der Wodka Martini denn geschüttelt oder gerührt werden soll, reagiert Bond gereizt: »Seh ich aus, als ob mich das interessiert?«

Damit soll einer etablierten Formel Neues abgerungen werden, ohne das Stammpublikum zu vergraulen, hängt diesem doch der Ruf an, nur verhalten auf Innovationen zu reagieren, die gegen Bonds Markenkern verstoßen. Das hatte schon Ian Fleming am eigenen Leib erfahren müssen, als er *Der Spion, der mich liebte* (1962) schrieb, einen eher an der US-amerikanischen *Hard-boiled*-Krimischule orientierten Roman, der mit seiner kunterbunten Verfilmung lediglich den Titel gemeinsam hat und in dem Bond erst auf der Zielgeraden vorbeischaut. Fleming war von den vernichtenden Kritiken und den Reaktionen seiner Fans derart zerknirscht, dass er das Experiment für gescheitert erklärte und seinen Verlag bat, keine Neuauflagen des Buchs in Umlauf zu bringen. Auch unter den Filmen gibt es einige Exoten, die mit dem bekannten Bond-Schema brechen und teils kontrovers sind. »Der mit der Hochzeit«, *Im Geheimdienst Ihrer Majestät* (*On Her Majesty's Secret Service*, 1969, R: Peter Hunt) ist ebenso darunter wie »der *Miami Vice*-Verschnitt« *Lizenz zum Töten* (*Licence to Kill*, 1989, R: John Glen); auch *Keine Zeit zu sterben* hat die Fans gespalten, mutet er ihnen doch nicht nur Bonds späte Vaterschaft zu, sondern auch seinen Opfertod, den er zum Schutz der eigenen Familie wählt. In der Ära Roger Moore hätten sich die beiden schicksalhaften Wendungen von *Keine Zeit zu sterben* gegenseitig auflösen müssen, denn damals hätte James Bond auf die Mitteilung, er sei a) Vater einer Tochter und dürfe b) Frau und Kind niemals wiedersehen, vermutlich nur mit den Schultern gezuckt und sich gedacht, dann sei ja eigentlich alles in Ordnung. Moore mag der am wenigsten experimentierfreudige

Bond gewesen sein, aber zugleich sind seine Filme die unverhohlen spielerischsten der ganzen Reihe und in ihrer Gestaltung so ausgelassen wie ein hyperaktiver Kindergeburtstag. Roger Moore steht für 007 im Clownskostüm, das Ein-Mann-U-Boot in Krokodilsgestalt sowie den künstlichen Pferdehintern, mit dem ein Miniflugzeug getarnt wird – all diese Beispiele stammen übrigens aus demselben Film (*Octopussy*). Einige besonders skurrile verworfene Bond-Ideen kann man in dem Buch *Nobody Does It Better* (2020) von Mark A. Altman und Edward Gross nachlesen, einer vergnüglichen Insidergeschichte der 007-Filme. Leider haben es weder die riesige Wäscheschleuder-Foltermaschine noch die mechanischen Bomben-Haie je in einen der Filme geschafft, und auch auf den in einer Kirche unterschlüpfenden Bond, der sich als Jesus am Kreuz tarnt, wird man wohl ewig warten müssen. Von diversen tierischen Einfällen ganz zu schweigen – Dr. No war fürs Kino ursprünglich als hyperintelligenter Affe konzipiert; für *Im Geheimdienst Ihrer Majestät* existierte ein Drehbuchentwurf, in dem sich Bond mit einem Schimpansen anfreundet, und Timothy Dalton sollte sich in *Der Hauch des Todes* (*The Living Daylights*, 1987, R: John Glen) in einem Gorillakäfig verstecken. Man könnte den Eindruck bekommen, unter den Bond-Autoren müsse es einen hartnäckigen Tierfreund gegeben haben, der bei der alljährlichen Skriptkonferenz nie klein beigeben wollte (»Was ist jetzt mit meiner Schimpansen-Idee? Wann machen wir das endlich?«).

Allem Unernst zum Trotz trägt die Spielmetapher nicht völlig, denn bei James Bond steht der Sieger von Anfang an fest. Das weiß auch Umberto Eco, der daher noch eine Analogie aus der Welt des Sports bemüht und die James-Bond-Abenteuer mit einem Basketball-Match zwischen den famosen

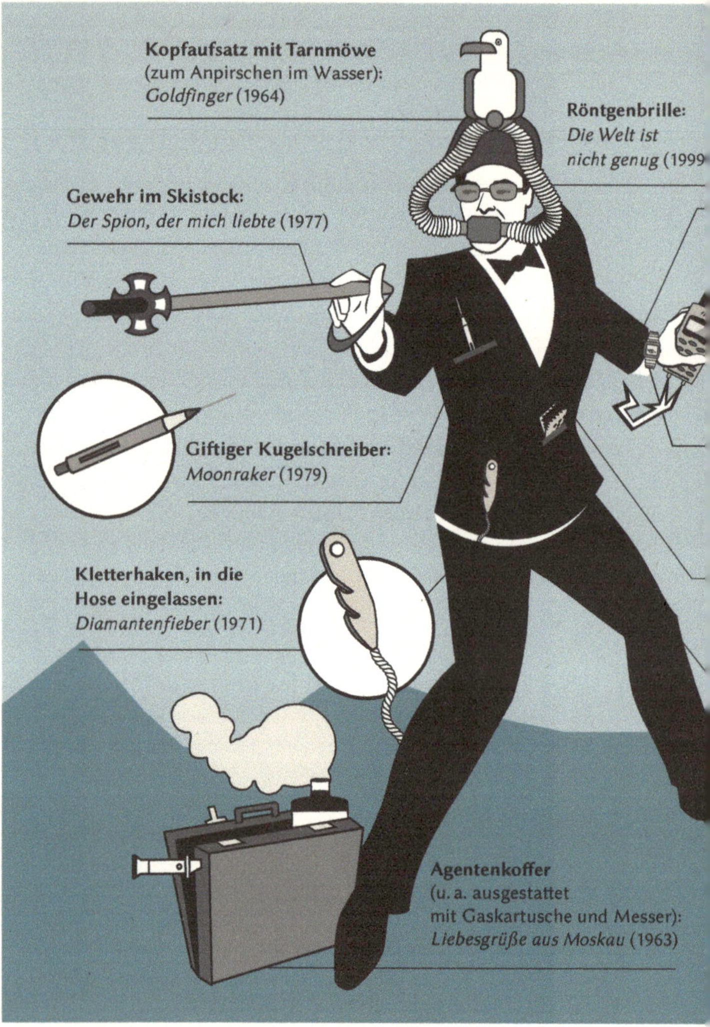
Kopfaufsatz mit Tarnmöwe
(zum Anpirschen im Wasser):
Goldfinger (1964)
Röntgenbrille:
Die Welt ist
nicht genug (1999
Gewehr im Skistock:
Der Spion, der mich liebte (1977)
Giftiger Kugelschreiber:
Moonraker (1979)
Kletterhaken, in die
Hose eingelassen:
Diamantenfieber (1971)
Agentenkoffer
(u. a. ausgestattet
mit Gaskartusche und Messer):
Liebesgrüße aus Moskau (1963)

— Bonds Geheimwaffen —

Die verrücktesten Gadgets aus Qs Labor

Implantierter Mikrochip:
Casino Royale (2006)

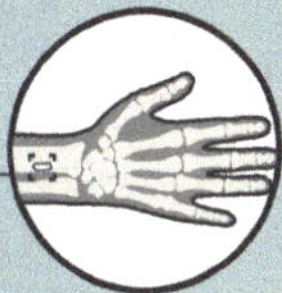

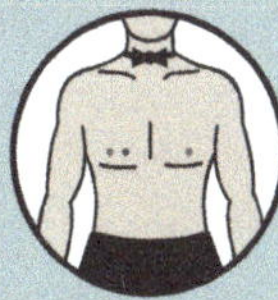

Handy mit Fernsteuerung fürs Auto und Elektroschocker:
Der Morgen stirbt nie (1997)

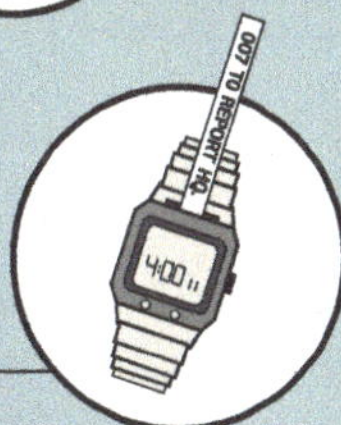

Uhr mit Telex-Empfänger:
Der Spion, der mich liebte

Dritte Brustwarze zur Tarnung:
Der Mann mit dem goldenen Colt (1974)

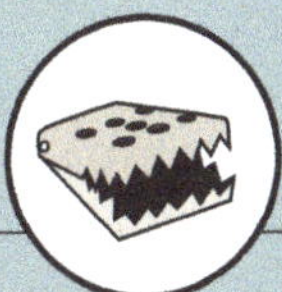

Taschenfalle gegen unerwünschte Leibesvisitationen:
Diamantenfieber (1971)

Kleiderbürste mit eingebauter Funkeinrichtung:
Leben und sterben lassen (1973)

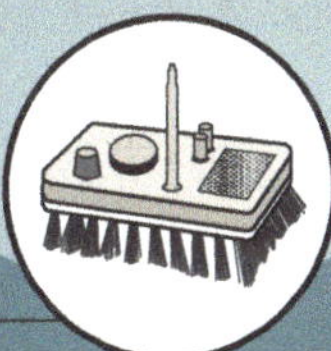

Jetpack:
Feuerball (1965)

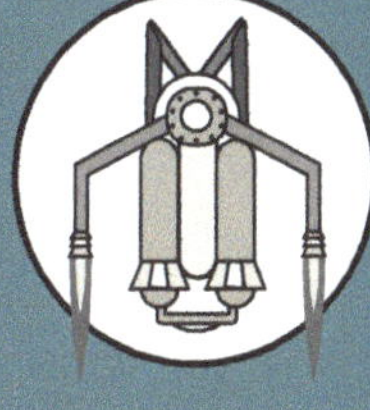

Schuh mit Geheimfach im Absatz
(für einen Peilsender):
Goldfinger (1964)

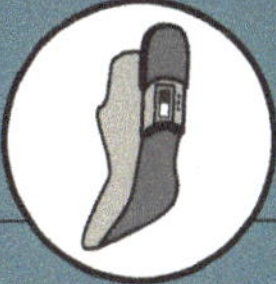

Showkämpfern der Harlem Globetrotters und einem Provinzteam vergleicht. Das Vergnügen besteht nicht darin, einen unsicheren Spielausgang abzuwarten, sondern darin, »zu sehen, mit welchen virtuosen Einfällen die Globetrotters das Finale hinausschieben, mit welchen ingeniösen Abweichungen sie dennoch das zuletzt Voraussehbare bestätigen und mit welchen Kunststücken sie den Gegner in den Tanz um den Ball verwickeln«. Das ist hilfreicher als die bloße Formel, denn der Schauwert ist mindestens so wichtig wie der Verlauf. Die Bond-Filme müssen nämlich nicht nur das Kunststück vollbringen, eine zumeist vorhersehbare Geschichte auf spannende Art und Weise zu erzählen, sondern auch noch den Markenfimmel ihrer literarischen Vorlagen in eine malerische Galerie der Schauplätze und Luxusgüter übersetzen – all das, wofür es im Englischen den schönen Ausdruck *Eye-Candy* gibt, also ›Naschkram fürs Auge‹.

Doch unter dieser hochglänzenden Oberfläche werden manchmal noch ganz andere Geschichten erzählt, die nicht sofort ins Auge springen. *Diamantenfieber* (*Diamonds Are Forever*, 1971, R: Guy Hamilton), in dem es Bond mit schwulen Killern zu tun bekommt und sich durch eine Vielzahl enger, morastiger Löcher quetschen muss, ist eine Geschichte von Homophobie und männlichem Selbstzweifel; *Goldfinger* handelt von der Kluft zwischen reiner Schaulust und dem Wunsch, anzufassen und mitzumachen; und *Skyfall* lässt sich auch ohne Diplom in Psychoanalyse als eine Geschichte über gestörte Eltern-Kind-Beziehungen lesen und über die Unmöglichkeit, nach Hause zurückzukehren.

003 »Ich brauch jetzt mal einen richtigen *Mann*!«

Der wunde Punkt

Ein unverzichtbarer Teil der Bond-Dramaturgie ist die Folterszene, in der Bond vom Gegenspieler festgeschnallt wird, körperliche Qualen und einen mehr oder weniger kohärenten Monolog über sich ergehen lassen muss. Zumindest bis zu Bonds Opfergang in *Keine Zeit zu sterben* wurde das nicht derart messianisch aufgeladen wie beim Heiland Tom Cruise, der in den *Mission: Impossible*-Filmen immer etwas vom Leid der Menschheit auf sich nimmt. Interessant sind aber die Körperpartien, an denen Bond getroffen wird. Bislang waren u. a. seine Finger (*Leben und sterben lassen*) und sein Genick (*Die Welt ist nicht genug*) dran; das zentrale Nervensystem des Agentenkörpers wurde erst verhältnismäßig spät in *Spectre* (2015, R: Sam Mendes) gepiesackt, mit einem merkwürdig folgenlosen Bohrer. »Aber mein Gehirn ist mein zweitliebstes Organ!«, möchte man mit Woody Allen rufen, und tatsächlich gilt die Zote auch hier: Es ist Bonds *Genital*bereich, der sich auffallend häufig in die Welt des Schmerzes begibt, bedroht von Goldfingers Laserstrahl, vom Treppengeländer in Octopussys Palast und vom verknoteten Seil auf Le Chiffres Folterstuhl.

Bonds Kontrahenten treffen ihn so häufig an diesem Punkt, weil sie dort seine empfindlichste Stelle vermuten – in der Region »zwischen dem Solarplexus und dem Oberschenkel«, wo einer vielzitierten Bemerkung von Ian Fleming zufolge *alle* Bond-Abenteuer mit ihrer typischen Dramaturgie hinzielen. Die Rettung der Welt geht mit Virilitätsbeweisen, insbesondere mit kaum gezügeltem sexuellem Appetit einher, und Bond hat die ungeschriebenen Gesetze einer eher archaisch anmutenden Männlichkeit als Kodex verinnerlicht. Das macht ihn zu einem einflussreichen Beispiel ›hegemonialer Männlichkeit‹ (Raewyn Connell): eines Ideals, dem sich viele Männer unbewusst unterordnen. Dieses Leitbild, das nur in Beziehung zu anderen, marginalisierten Formen von Männlichkeit existiert, ist in der Wirklichkeit kaum einzuholen, noch nicht einmal, wenn man sich alle per Productplacement von Bond beworbenen Uhren, Autos und Designeranzüge besorgt oder die üppig gesüßte Brause trinkt, die ein Getränkekonzern zum Kinostart von *Skyfall* mit dem Spruch bewarb: »Unlock the 007 in you!«

Wer wirklich glaubt, er könne auf diese Art seinen inneren James Bond entfesseln, kann nur in der Hochstapelei enden, so wie der in der Pubertät steckengebliebene Aufschneiderkönig Frank Abagnale Jr. (Leonardo DiCaprio) in *Catch Me If You Can* (2002, R: Steven Spielberg), der erst *Goldfinger* im Kino sieht und dann Bond zum Vorbild seiner Mannwerdung kürt, oder Mark Whitacre (Matt Damon) in *The Informant!* (2009, R: Steven Soderbergh), der von sich selbst als 0014 spricht, »weil ich doppelt so schlau bin wie 007«. Wenn man nicht spätestens in der Adoleszenz durchschaut, dass das Ganze ›nur Fiktion‹

ist, rächt es sich später im Leben – der inzwischen in Ungnade gefallene Prinz Andrew bekam zu seinem 6. Geburtstag eine funktionstüchtige Miniausgabe des Bond'schen Aston Martin geschenkt.

James Bond ist (und darauf kommen wir noch zurück) das Produkt einer unterdrückten Trauer über den Bedeutungsverlust des britischen Empires, und er ist aus den Fiktionen des 19. Jahrhunderts geboren, besonders aus den Männlichkeitsfantasien der viktorianischen Erziehungs- und Abenteuerliteratur. Einer damals berühmten Formulierung John Ruskins zufolge hat der Mann »Handelnder, Schöpfer, Entdecker, Beschützer« zu sein, während Frauen komplementär dazu die dekorative Rolle der häuslichen Schutzgöttin vorbehalten bleibt. Solche vollmundigen Sätze behaupten eine anthropologische Dauerwahrheit (»Männer und Frauen *sind* so!«), die bei James Bond scheinbar bestätigt, lustigerweise aber permanent unterwandert wird. Bonds Männlichkeit muss ja nicht nur jedes Mal aufs Neue erstritten und verteidigt werden – die Geschlechterforscherin Judith Butler würde sagen: Sie wird mit einer Reihe von Gesten permanent neu *dargeboten* –, sie ist als Summe aller Luxus-Hightech-Artikel auch *käuflich*. Die Roger-Moore-Filme sind in dieser Hinsicht die ehrlichsten Bond-Geschichten. Schließlich schlägt sich dieser 007 nicht als athletischer Naturbursche durch, sondern eher als tapferes Schneiderlein, mit Taschenspielertricks und Prothesen. Entwaffnet werden die Gegner mit magnetischen Uhren, und um Frauen ins Bett zu locken, zieht Moores Bond manipulierte Spielkarten aus dem Ärmel.

Bonds Männlichkeit mag inzwischen nicht mehr so grobschlächtig entworfen sein wie noch vor einem halben Jahrhundert im Film *Diamantenfieber*, in dem 007 einen in Frauenkleidern getarnten Gegenspieler bekämpft und am Schluss zwei schwule Auftragskiller hinrichtet bzw. kastriert. Aber für eine völlige Frischzellenkur ist der klassische Bond-Habitus ein zu rigides Korsett und besinnt sich 007 zu häufig auf alte Gewohnheiten. Das gilt besonders für alternde Bonds in ihren letzten Einsätzen, wenn sie plötzlich (so wie Sean Connery in *Sag niemals nie* oder Roger Moore in *Im Angesicht des Todes*) eine Rekordzahl an sexuellen Eroberungen machen. Martin Walser, der einen Roman mit dem aus der Botanik entlehnten Titel *Angstblüte* (2006) geschrieben hat, definiert das Phänomen so: »Bäume [schmeißen] in der Panik vor dem kommenden Tod noch einmal mit Samen um sich.«

Neben den regelmäßigen Virilitätsbeweisen ist auch Bonds Gewerbeschein, die ominöse ›Lizenz zum Töten‹, ein integraler Bestandteil seines Männlichkeitskonzepts. Philosophen haben darauf hingewiesen, dass dieses Konzept keinen Sinn ergibt, weil in den Filmen lange suggeriert wurde, es gehe lediglich um ein Recht auf Tötung aus Notwehr, das freilich nicht bloß Doppelnullagenten besitzen. Fleming wird in *Casino Royale* genauer, indem er als Voraussetzung für die Lizenz zwei erfolgreich durchgeführte Morde in staatlichem Auftrag nennt. Die Lizenz wäre demnach ein zunächst unter Aufsicht erkämpfter Führerschein für den Dienst an der Waffe, der zur Unterjochung der Welt nach eigenem Gutdünken berechtigt. Zumindest bis *Keine Zeit zu sterben*, in dem Bond an der Seite seiner Nachfolgerin Nomi (Lashana Lynch) kämpft, waren Doppelnullstatus und Lizenz zum Töten in der Filmreihe ausschließlich Männern vorbehalten – was aber nicht heißt, dass alle James-Bond-Darsteller aus exakt demselben Holz geschnitzt gewesen wären.

Mit seinem Auftritt als ›Jimmy Bond‹ in *Casino Royale* (1954, R: William H. Brown jr.) hinterlässt **Barry Nelson** keinen großen Eindruck, was aber weniger an seiner Leistung, sondern eher am Format des sparsam produzierten Live-Fernsehkrimis liegt – das Folter-Finale spielt in einer Badewanne. Nelson, dessen bekannteste Rolle jenseits von Bond sein Kurzauftritt in *The Shining* (1980, R: Stanley Kubrick) sein dürfte – er ist der Hotelmanager, der am Anfang des Films Jack Nicholson einstellt –, bemüht sich um Lässigkeit, hat dauernd eine Zigarette im Mundwinkel baumeln und küsst die Femme fatale mit der angestrengten, demonstrativ uninteressierten Coolness eines *Film-noir*-Helden.

Eine wesentlich entspanntere Vorstellung gibt **Sean Connery** (sieben Filme, 1962–1971 und 1983), der vielleicht nicht der allererste James-Bond-Darsteller gewesen ist, die Rolle aber zur Marke veredelt. An diesem Erbe haben alle Bonds seitdem schwer zu tragen gehabt – auch Connery selbst, der nach fünf Jahren entnervt seinen Hut nahm, für zwei halbherzige Comebacks zurückkehrte und sich im Herbst seiner Karriere in mehreren Filmen der Suche nach dem Unsterblichkeitselixier widmete, das er als 007 niemals nötig gehabt hatte. (Noch so eine zweischneidige Hinterlassenschaft – was immer man anschließend macht, wird entweder eine Bestätigung oder eine Negation von Bond sein.) Zur Rolle des James Bond kam Connery nicht, wie gelegentlich kolportiert wird, ganz ohne Schauspielerfahrung, aber seine Engagements bei der Marine, im Fußball, im Bodybuilding und in diversen Gelegenheitsjobs ließen sich besser vermarkten. Schließlich konnten die Produzenten mit der Besetzung des charismatischen Schotten glaubhaft jeden Verdacht auf die Art von Eliteschul-Schnöseligkeit ausräumen, die man mit britischen Filmstars damals assoziierte – David Niven, der in der *Casino Royale*-Persiflage von 1967 als »Sir James Bond« auftritt, ist der Inbegriff davon. Connerys schottischer Akzent und seine Wurzeln im Arbeitermilieu verleihen seinen Szenen mit dem immer etwas pikiert wirkenden Chef M, einem Aristokraten alter Schule, zusätzlichen Biss.

Für das Selbstvertrauen der Produzenten im Umgang mit ihrer Entdeckung spricht auch, dass sie für Connery gleich nach seinem Debüt zwei Stoffe auswählten, in denen seiner Männlichkeit eine dramaturgische Schlüsselrolle zukommt. In *Goldfinger* bleibt Bond siegreich, indem er die burschikose Pussy Galore (Honor Blackman) verführt und als Mitstreiterin rekrutiert (was etwas weniger krass ist als in der Romanvorlage, in der Bond eine Lesbe von ihrer Homosexualität ›heilt‹), und der Plot von *Liebesgrüße aus Moskau* beruht darauf, dass sich eine sowjetische Agentin (zum Schein) in ein Foto von Bond verliebt und, dergestalt entflammt, sofort in den Westen überlaufen will. Die vorhersehbare Pointe: Sie verfällt ihm tatsächlich. Hierfür bedarf es einer konzentrierten Dosis Männlichkeit, weshalb noch heute jeder Anwärter auf die Bond-Rolle zum Test eine Szene aus *Liebesgrüße aus Moskau* nachspielen muss.

»Was Sean Connery für die Rolle qualifizierte, waren seine körperliche Anziehungskraft und die Aura des Lkw-Fahrers. Das wirkte auf Frauen, aber was noch wichtiger war: Junge *männliche* Zuschauer hatten das Gefühl, er sei einer von ihnen.« (Produzent Albert R. Broccoli)

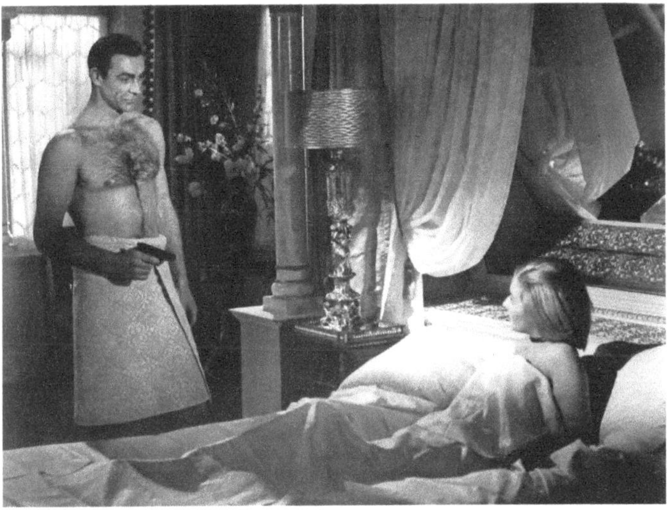

Sean Connerys Männlichkeit als Allzweckwaffe innerhalb des Kalten Kriegs (*Liebesgrüße aus Moskau*, 1963)

Dieses Casting absolvierte mit glänzendem Erfolg auch der Australier **George Lazenby** (ein Film, 1969), der sich in seinem einzigen Einsatz als Bond weit besser schlägt, als ihm Kritiker bis heute nachsagen. Gegen Lazenby wird meist angeführt, dass er a) nicht Connery ist und b) zum Zeitpunkt seiner Verpflichtung lediglich als Model bekannt war, u. a. aus den ulkigen Werbespots für Big-Fry-Schokolade, die man noch heute auf YouTube anschauen kann. Darin tritt er als adrett gekleideter Handelsvertreter auf, dem Haremsdamen seinen Süßkram aus den Händen reißen. Eine durchaus adäquate Bewerbung auf die Bond-Rolle, aber bis heute hält sich die hämische Legende, Saltzman und Broccoli hätten quasi den Melitta-Mann als Connerys Nachfolger besetzt. Bei einer Kampfszene soll Lazenby derart unerfahren gewesen sein, dass er dem anderen Schauspieler wirklich auf die Nase schlug, aber das macht ihn noch heute zu einem physisch imposanten Bond, im mitreißendsten Film der gesamten Reihe, *Im Geheimdienst Ihrer Majestät*. Auch Connery wäre hier schauspielerisch an seine Grenzen gestoßen – nicht nur, weil Bond sich als Asexueller tarnen muss, um die Festung von Blofeld (Telly Savalas) zu infiltrieren, sondern auch, weil es plötzlich um Selbstzweifel und Trauer geht. Von allen ehemaligen Bonds hat Lazenby den selbstironischsten Rückblick veröffentlicht – den warmherzigen und sehr witzigen Film *Becoming Bond* (2017, R: Josh Greenbaum), in dem er sein Leben als Schelmengeschichte erzählt: »Wenn's nicht wahr wäre, wie könnte ich mich sonst dran erinnern?«

Nachdem Lazenby die undankbare Aufgabe zugefallen war, das Publikum davon zu überzeugen, dass es *überhaupt* einen Bond ohne Connery geben könnte, übernahm der Fernsehstar **Roger Moore** (sieben Filme, 1973–1985), der Bond als internationalen Playboy auf einer nicht enden wollenden Jetset-Party spielt. Sympathiebekundungen für diese Interpretation von Bond sind heute kaum noch gesellschaftsfähig, sodass der Komiker Steve Coogan sein Alter Ego Alan Partridge bloß einen enthusiastischen Monolog über Roger Moore halten lassen muss, wenn er ihn als Idioten charakterisieren will. Ein Kritikerliebling war Moore nie – Pauline Kael vergleicht seine Leistung in *Moonraker* mit der eines Beamten, der bereits Schimmel ansetzt, aber weiterhin zum Dienst aufkreuzt, bis er pensionsberechtigt ist. Zudem haben die imperialistischen Untertöne, das sexistische Imponiergehabe und sein fortgeschrittenes Alter dazu beigetragen, ihn inzwischen zu einer Art Negativfolie für Bond zu machen: »Jedes Mal, wenn ein neuer Film rauskommt, wandere ich in der Liste weiter nach unten«, klagte Roger Moore 2008 in einem Interview. In der Tat reizt die Inszenierung von Moores männlichem Habitus heute eher zum Lachen, auch wenn sie harmloser wirkt als Sean Connerys Bond, der Frauen gelegentlich ohrfeigt und gegen ihren Willen ins Bett schleift. Dem Autor Bruce Feirstein, der in den 1990er Jahren selbst für die Bond-Reihe schreiben sollte, gelang 1982 mit *Real Men Don't Eat Quiche* (›Echte Männer essen keine Quiche‹) ein satirischer Bestseller über Männlichkeitsklischees; als Roger Moore in seinem letzten Bond-Film *Im Angesicht des Todes* Tanya Roberts vor ein paar Attentätern beschützt, verführt er sie nicht, sondern backt ihr erst mal – eine Quiche! Die Szene ist mit einem anderen Bond schwerlich denkbar, und hier und da soll sich ja gerade während der testosteronlastigen Daniel-Craig-Ära nostalgische Sehnsucht nach Roger Moores Selbstironie eingestellt haben. Das mag hierzulande leichterfallen als anderswo, weil das deutsche Publikum nicht den schnöseligen Tonfall des Originals im Ohr hat, sondern den Synchronsprecher Niels Clausnitzer – die freundliche Stimme des gutmütigen Mittelschichts-Weicheis Willie Tanner in *ALF* (1986–1990).

> Mir wurde schnell klar, dass ich Bond nicht bierernst spielen konnte. Meine Theorie lautet: »Na ja, wenn er ein Spion ist, sollte ihn eigentlich keiner erkennen.« Ihn erkennen aber *alle* – jeder Barkeeper auf der Welt. »Ah, Mr. Bond! Martini! Geschüttelt, nicht gerührt.« So einer ist doch kein Spion! (Roger Moore)

Nach Roger Moores Abschied beginnt für James Bond eine mehr als zehn Jahre währende Phase des Übergangs. Sowohl für **Timothy Dalton** (zwei Filme, 1987–1989) als auch für **Pierce Brosnan** (vier Filme, 1995–2002) war es der zweite Anlauf, nachdem ersterer Anfang der 1970er Jahre schon einmal getestet und als zu jung aussortiert, letzterer zunächst nicht von seinem Fernsehvertrag für *Remington Steele* (1982–1987) entbunden worden war. Es blieb bei der Norm, einen gestandenen Mann von Anfang vierzig in die Rolle einzuarbeiten, mit Dalton wohl den besten Schauspieler, der jemals an der Rolle gescheitert ist. Dabei nimmt sein Bond bereits viel vom Bond des 21. Jahrhunderts vorweg – den sexuell maßvollen Einzelgänger (Mitte der 1980er Jahre ein Zugeständnis an das AIDS-Zeitalter) und den Racheengel, der in *Lizenz zum Töten* den Dienst quittiert, um ein Attentat auf seinen Freund Felix Leiter zu sühnen. Timothy Dalton führt die Reihe wieder zum Thriller zurück, was nach dem »hochtechnisierte[n] Kasperletheater« (Fritz J. Raddatz in der *Zeit* über die Roger-Moore-Filme) auch nötig war. Zugleich hängt ihm der scheinheilige Vorwurf an, kein glaubwürdiger Frauenschwarm und Playboy gewesen zu sein, als würde der Reiz eines zeitgemäßen Abenteuerfilms wie *Der Hauch des Todes*, in dem Bond u. a. auf die Mudschahedin in Afghanistan trifft, vom zurückgefahrenen Chauvinismus getrübt. (Zugegeben: Als eine junge Frau am Anfang des Films Bond mit verführerischem Gesichtsausdruck auf ein Glas Champagner einlädt, vermuten wir, er werde ihr wohl gleich beim Durchrechnen ihrer Steuererklärung helfen.) Dieser Bond ist ein seriöser Spion, der leider auf die langweiligsten Schurken der Reihe trifft – Joe Don Baker bleibt als General Whitaker derart blass, dass man ihn ein Jahrzehnt später noch einmal für eine andere Rolle in *GoldenEye* (1995, R: Martin Campbell) anheuern konnte, ohne beim Publikum ein Déjà-vu zu riskieren.

Auf den George Harrison unter den Bonds folgte dann nach einer sechsjährigen Pause, in der hinter den Kulissen um Copyright-Fragen gestritten wurde, Pierce Brosnan – ebenfalls ein sehr fähiger Schauspieler, in dessen Amtszeit es den Produzenten aber am Selbstvertrauen mangelte, sich von Vergangenem zu emanzipieren und 007 konsequent ins 21. Jahrhundert zu führen. Brosnans Filme sind nicht ohne Reiz. Dass er in *GoldenEye* eine weibliche Chefin bekommt, die ihn als »sexistischen, frauenfeindlichen Dinosaurier« beschimpft, war eine ebenso wichtige Zäsur wie der Übergang zu den fähigen Agentinnen, an deren Seite er jetzt kämpft. Zum Mann ohne Eigenschaften wird Brosnan, weil sein Bond mit diesen Kolleginnen trotzdem weiter ins Bett steigt, nur um den Konventionen Genüge zu tun, und auf Gedeih und Verderb ein Bond für *alle* sein will. Er bemüht sich um ein Statement zum Zeitgeist, steht aber noch mit einem Bein im Kalten Krieg. Heraus kommen solch kuriose Mixturen wie *Stirb an einem anderen Tag*, der eine beklemmende erste halbe Stunde vorlegt, in der sich auch der leidgeprüfte Daniel Craig wohlgefühlt hätte: Bond verbringt ein Jahr in einem nordkoreanischen Kerker, bevor seine Vorgesetzten den abgemagerten Robinson Crusoe zähneknirschend zurückholen. Es bedarf aber nur eines Verwöhnprogramms in seinem Stammhotel, um Bond wieder in den vertrauten, charmanten Dressman zu verwandeln, der sich ohne merkliches Trauma in seinen nächsten Auftrag stürzt – windsurfend, fechtend und am Steuer eines unsichtbaren (!) Autos. Das Ergebnis war sogar Roger Moore zu albern: »Und wenn *ich* das schon sage, der erste Bond im Weltall!« Den eher halbherzigen Modernisierungsversuchen zum Trotz fällt in die Ära Pierce Brosnan aber auch ein faszinierendes Gleichnis auf Männlichkeit. In *Die Welt ist nicht genug* bekommt es Bond mit dem Terroristen Renard zu tun, der an einem geradezu mythischen Leiden laboriert. Eine Kugel wandert durch Renards Rückenmark und zerstört seine Sinne. »Er spürt keinen Schmerz«, heißt es im Film, »er ist belastbarer und zäher als jeder andere Mensch. Irgendwann wird die Kugel ihn töten, aber bis dahin nimmt seine Stärke von Tag zu Tag zu.«

Mit dem Konzept der gefühllosen Kampfmaschine, die an der Ursache ihrer Stärke irgendwann zugrunde gehen muss, stellt der Film leider wenig an, aber die Vorstellung (selbst-)zerstörerischer Potenz wird dann bei **Daniel Craig** (fünf Filme, 2006–2021) zum Programm. Dieser Bond hat nicht nur aufgrund seines Äußeren unser Bild von 007 auf den Kopf gestellt. Berichtete die Presse 1973 noch, Roger Moore sei von den Produzenten zur Drehvorbereitung lediglich zum Friseur geschickt worden, ist der Weg zu Bond jetzt ein *Leidens*weg, der nicht ohne intensives Fitnessregime zu schaffen ist und an dessen Ende sich der Hauptdarsteller einer vielzitierten Äußerung zufolge »lieber die Pulsadern aufschneiden würde«, als ihn erneut zu beschreiten. Zwar schließen seine Filme mit ihrer Neigung zum Selbstzitat durchaus an Pierce Brosnan an und drohen unter ihrem selbstreferentiellen Ballast gelegentlich zu kollabieren – *Skyfall* rühmt sich, versteckte Anspielungen auf *sämtliche* bis dato produzierten Bond-Filme zu enthalten. Doch sie haben Bond auch erfolgreich und nachhaltig modernisiert. Dieser Bond ist verletzlich und blutet in Großaufnahme, er verfügt über ein psychologisches Profil, darf in *Skyfall* an seinem Auftrag scheitern und sogar einen homoerotischen Flirt mit dem Gegenspieler wagen. Bonds Ende in *Keine Zeit zu sterben* scheint sogar als Abgesang auf toxische Männlichkeit entworfen zu sein. Inmitten von Safins Giftgarten wird Bond mit dem Heracles-Virus infiziert, wodurch seine bloße Berührung die ihm nahestehenden Menschen zum Tode verurteilt. Auch wenn solche Plotideen geradezu verdächtig *woke* sind, schleichen sich durch die Hintertür immer wieder alte Verhaltensmuster ein, wird der muskulöse Körper des Hauptdarstellers zum Bollwerk gegen weiblichen Verrat und die Schwerfälligkeit der Bürokraten, wie es im reaktionären US-Actionkino Tradition ist. Mit den John McClanes und den John Rambos teilt dieser Bond auch die Angewohnheit, Rückzugsgefechte an der Heimatfront auszutragen. Der Showdown von *Skyfall*, einem sehr regressiven Film, ähnelt daher auch der ausgelassenen Familienfabel *Kevin – Allein zu Haus* (*Home Alone*, 1990, R: Chris Columbus). Bond präpariert das Anwesen seiner Familie mit Fallen, um es gegen ungebetene Gäste zu verteidigen – aus dem Geheimagenten ist ein Geh-heim-Agent geworden.

Bonds Alterskurve

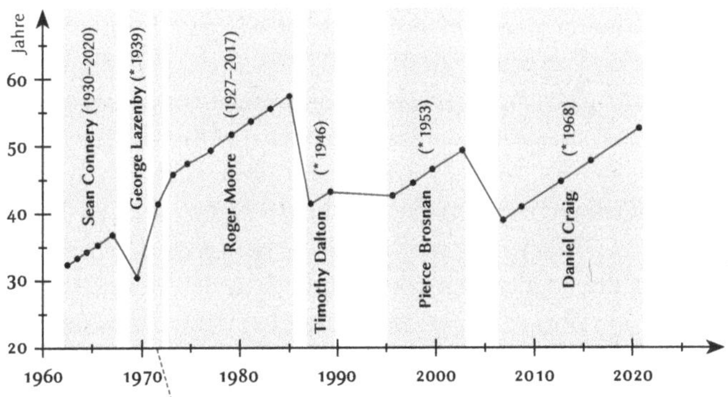

Sean Connery schlüpfte für *Diamantenfieber* noch einmal in die Hauptrolle.

004 Kiss-Kiss

Bond als Jungfrau

Man muss es so deutlich sagen: Die meiste Zeit ist James Bond Jungfrau geblieben. Wer daran Zweifel hegt, führe sich nur einmal die Intensität des Orgasmus vor Augen, den Pierce Brosnan in *Stirb an einem anderen Tag* erleidet. Was Bond hier mit reichlich Anlauf in die Kissen schwitzt und stöhnt, kann nicht einfach nur der Höhepunkt eines Mannes sein, der (laut Filmhandlung) nach einem Jahr unfreiwilliger Abstinenz seine alten Hobbys wiederentdeckt. Das ist schon eher die explosionsartige Entladung eines seit mehreren Jahrzehnten andauernden Samenstaus, die der französischen Orgasmusmetapher vom »kleinen Tod« (*la petite mort*) bedenklich nahekommt. Beinah meint man, Bond werde in den Armen der NSA-Agentin Jinx (Halle Berry) verglühen, was auch passend wäre in einem Film, in dem sich Bond auf die Spur der Weltraumwaffe *Ikarus* begibt. Anschließend verzehrt er gemeinsam mit Jinx eine Feige, eine mit allerlei erotischer Bedeutung aufgeladene Frucht. Noch unzweideutiger wären eigentlich nur Kirschen gewesen, denn dann hätte man schlichtweg nicht übersehen können, dass Bond hier seine Jungfräulichkeit (*to pop one's cherry*) verliert. (Im selben Film begegnet ihm noch Madonna, deren größter Hit *Like a Virgin* heißt.)

Dafür, dass Bond als maßlos in allen Dingen gilt, hat er erstaunlich spät den Sex entdeckt. Zum Vergleich: Der *Body-Count* der Filme, also die Statistik aller von Bond getöteten Gegenspieler, lässt sich mit einiger Sicherheit führen, weil die Filme nicht groß um den heißen Brei herumreden. Man dringt dabei in Zahlenbereiche vor, die sonst den Geschichtsbüchern vorbehalten sind, oder vielleicht noch Lt. Frank Drebin in der *Nackten Kanone 2 ½* (*The Naked Gun 2 ½: The Smell of Fear*, 1991, R: David Zucker), der einen Orden »für die Tötung seines 1000. Drogenhändlers« erhält. Dagegen wird die genaue Buchführung von Bonds vermeintlich zahllosen sexuellen Eskapaden von den Konventionen des Zeigbaren erschwert. Wie soll man einer auf die Bildsprache der Andeutung eingeschworenen Filmreihe auch genaue Informationen entlocken? Eigentlich kennt die James-Bond-Reihe nur das angezogene, vom Verbalflirt gekennzeichnete *Davor* (»Sie haben erstaunlich scharfe Augen, Mr. Bond.« – »Warten Sie, bis Sie meine Zähne spüren!«) und das saubere *Danach*. Das hat seinen Grund – an das Preisschild der James-Bond-Filme (geschätzte 250 Millionen US-Dollar Produktionskosten im Fall von *Keine Zeit zu sterben*) ist der Anspruch auf familiengerechte Unterhaltung geknüpft, und wenn man die entsprechende Altersfreigabe sichern will, dürfen zwar gesichtslose Handlanger über den Haufen geschossen, aber keine primären Geschlechtsmerkmale entblößt werden. Töten und Getötetwerden gilt als zumutbar, aber das, was man im Englischen die *Facts of Life* nennt, also das mit den Blumen und Bienen, nicht. Wenn Ian Fleming von sich sagt, er schreibe »Kopfkissenfantasien nach dem Schema

Bang-Bang, Kiss-Kiss«, dann meint er vermutlich wirklich den lautmalerischen Pistolenschuss und nicht die zweite, derbere Bedeutung, die *bang* noch hat. An die Stelle der diversen Spielarten von Sex treten bei James Bond jene symbolischen Handlungen, die das Kino wählt, um uns »ins Bild« zu setzen, also Szenen, in denen die kurzzeitig gelösten Fesseln der Scham bereits wieder ins Fleisch schneiden. Die Körper sind bekleidet oder werden vom häufig bespöttelten, L-förmigen Bettlaken bedeckt, das alles unterhalb *ihrer* Achseln und *seines* Bauchnabels verbirgt. Nichts scheint aus diesen Körpern jemals ausgetreten zu sein als eine leicht frivole Unterredung oder womöglich noch der Zigarettenrauch, der nur in der Bond-Persiflage *Austin Powers* unanständig ist (»Sag mal, rauchst du danach?« – »Keine Ahnung, hab noch nie nachgesehen.«).

In *Goldfinger* sieht man Bond in inniger Umarmung mit Jill Masterson (Shirley Eaton), die nur wenige Minuten später der tödlichen Midas-Berührung zum Opfer fallen und goldüberzogen auf dem Bett liegen wird. Die Körpersprache soll Leidenschaft signalisieren, aber eigentlich bietet sich dem Zuschauer nur eine sichtbare Verkrampfung. Die Füße der beiden scheinen ebenso wie ihre Arme und Köpfe handelseinig, aber just in der Mitte herrscht keinerlei Magnetismus – man denkt an Tristan und Isolde, die in der Minnegrotte das Schwert zwischen sich legen. An diesem Eindruck ändert auch der geteilte Pyjama nichts, von dem Bond die Hose und Jill das Oberteil trägt. Ist diese Umschlingung ein *Davor*, ein *Danach*, ein *Schon-wieder* oder ein *Noch-nicht-ganz*? Bei Bond ersetzt die seltsam entkörperlichte Umarmung den Sex, der am Ende vielleicht nur eine unästhetische, lästige Bagatelle ist – viel *Kiss-Kiss*, aber kein *Bang-Bang*. Das gilt besonders für Roger Moore, der sich als ein von seiner eigenen Entspanntheit beschwipster Snob immer von den ›Wilden‹ abheben muss, niemals sichtbare Spuren von Arbeit und Kraftanstrengung hinterlässt und sich wohl kaum auf klebrigen Laken körperlich verausgaben würde.

Diese im Grunde sehr asexuelle Qualität, die der hypersexualisierten Oberfläche der Bond-Ästhetik zuwiderläuft, schließt an Ian Flemings Romanhelden an, der ein recht konservativer Knochen ist und die Hippies zur Austreibung ihres liederlichen Lebenswandels wahrscheinlich am liebsten auf die nächste Militärakademie schicken würde. Fleming starb 1964, aber wie der literarische Bond möglicherweise auf die Swinging Sixties reagiert hätte, malt sich Sebastian Faulks in seinem Roman *Der Tod ist nur der Anfang* (*Devil May Care*, 2008) aus. Hier kehrt Bond 1967 nach längerer Beurlaubung nach London zurück und versteht die Welt nicht mehr: »Auf jedem Zebrastreifen tummelten sich langhaarige junge Menschen«, die ein Hauch von Marihuana umweht, den Bond »bislang nur von Märkten in den schmuddeligsten Ecken von Marokko« kannte. Mit dem Gebot der freien Liebe kann diese Version von 007 natürlich genauso wenig anfangen.

Das bedeutet nicht, dass es bei Fleming keinen Sex gibt, aber er nimmt in den Büchern noch nicht die utopische Gestalt an, die später den *Playboy*-Mythos begründet – die Welt als ein für Männer eingerichtetes Schlaraffenland, in dem Frauen jederzeit ihre sexuelle Verfügbarkeit signalisieren. Sowohl die Romane als auch die frühen Filme mit Sean Connery stehen eher noch im Zeichen einer Politik des Du-willst-es-doch-*auch*. Frauen werden erst mit Gewalt genommen und erklären sich dann freundlicherweise einverstanden. Manche von ihnen sind Missbrauchsopfer und Traumatisierte (z. B. Honey Rider in *Dr. No*), die von einem ›richtigen‹ Mann therapiert oder sogar vom ›Irrweg‹ der Homosexualität gerettet und für die gerechte

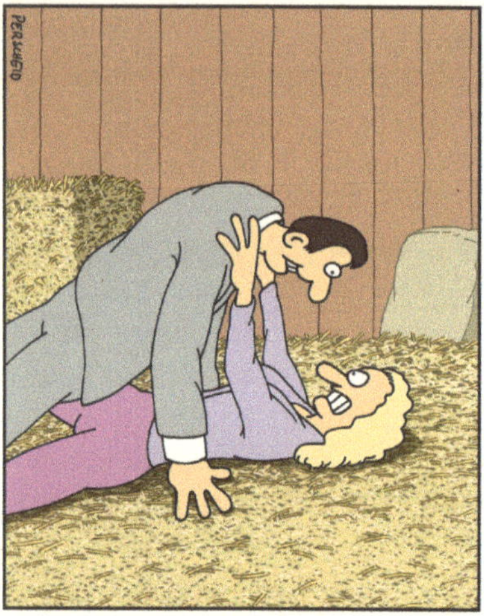

BERÜHMTE FILMSZENEN: JAMES BOND VERGEWALTIGT PUSSY GALORE, UM SIE VOM GUTEN IM MENSCHEN ZU ÜBERZEUGEN.

Sache gewonnen werden können. Das gilt explizit für Pussy Galore im *Goldfinger*-Roman, die durch Bond zur Heterosexualität und damit auf den Pfad der Tugend zurückgeführt wird. Im Film findet sich davon allenfalls noch eine zarte Andeutung (»Sie können Ihren Charme abschalten, ich bin immun!«), aus der ›Konvertierung‹ wird ein Gerangel im Heu, dessen bizarre Logik Martin Perscheid pointiert zusammengefasst hat. Indem die fauchende Pussy-Katze von Bond die Krallen gestutzt kriegt, wird sie endlich ihrem Namen gerecht, und die Literaturwissenschaftlerin Elisabeth Ladenson kalauert dazu so treffend wie unübersetzbar: »The whole has become a hole«; von der ganzheitlichen Figur bleibt nur noch ein Loch übrig.

Solche Szenen sind heute aus nachvollziehbaren Gründen nicht mehr en vogue, weshalb in der jüngeren Bond-Geschichte *Skyfall* kontrovers diskutiert wurde. Dieser Film will einerseits auf der Höhe der Zeit sein, verfällt aber andererseits als unverhohlen nostalgischer Jubiläums-Bond zum 50. Jahrestag der Reihe in alte Muster. Als Bond ungefragt zu der schwer misshandelten Sévérine (Bérénice Marlohe) in die Dusche steigt, kommen Erinnerungen an Sean Connerys Eroberung der Krankenschwester Patricia (Molly Peters) in *Feuerball* auf (»Nein!« – »Oh, doch!«). Die Unterstellung, Widerstand könne nur Koketterie sein, legt Fleming in *Der Spion, der mich liebte* sogar der Erzählerin in den Mund: »Frauen lieben es, halb vergewaltigt zu werden (*semi-rape*). Sie lieben es, genommen zu werden. Dass er sich auf süße Art brutal an meinem geschundenen Körper verging, machte den Akt so durchbohrend und herrlich.« Das ist unnachahmlich hirnverbrannt, aber in der Puzzlelogik von Flemings Büchern nur konsequent, weil Bonds Dominanzverhalten eines unterwürfigen Gegenstücks bedarf. Die relative Enthaltsamkeit, die Bond neuerdings an den Tag legt, bedeutet keine Abkehr von den *Playboy*-Idealen – Bonds Frauen sind schließlich nach wie vor meist unter dreißig, tragen weiterhin hochhackige Schuhe und tiefe Ausschnitte. Als problematisch gilt dagegen nicht erst im Kontext der #MeToo-Debatte die in so vielen Bond-Plots gültige Formel »Sex ist Tauschware«. In *Der Morgen stirbt nie* erhält Bond von M die Anweisung, sich bei seiner alten Liebschaft Paris Carver (Teri Hatcher) »wieder in Erinnerung [zu rufen]«, um Auskünfte zu erhalten; im Original ist die Wortwahl (»*pump* her for information«) in ihrer Zweideutigkeit wesentlich *un*zweideutiger.

Für ein wenig ausgleichende Gerechtigkeit sorgt Fleming, wenn er Bond in anderen Geschichten als keuschen Sir Galahad auftreten lässt oder ihm nach getaner Arbeit die Belohnung verweigert. Der Roman *Moonraker* (1955) ist eine Art Greatest-Hits-Sammlung sexueller Frustrationen. Wir erfahren darin, dass Bond sich eher lustlos mit verheirateten Frauen trifft, um gelegentlich seinen Triebstau zu lockern, und als er sich am Schluss auf ein Techtelmechtel mit Gala Brandt freut (die später, teutonisiert zu *Helga* Brandt und gespielt von Karin Dor, in der Verfilmung einer anderen Bond-Geschichte auftaucht), lässt die ihn auflaufen und stellt ihm ihren Verlobten vor. Bond bleibt einsam zurück und muss »sein kaltes Herz anderswo verwahren«.

Drei Frauen soll er haben

Einen solch mönchischen Bond gab es in den Filmen nur selten zu erleben, bevor Daniel Craig die Rolle übernahm, zur ›Einsamkeit des Jägers‹ zurückkehrte und am Schluss meist allein blieb. Klassische Bond-Filme operieren im Hinblick auf ihre weiblichen Figuren streng schematisch. Bevor der Schriftsteller Roald Dahl das Drehbuch zu *Man lebt nur zweimal* (*You Only Live Twice*, 1967, R: Lewis Gilbert) verfasste, eröffneten ihm die Produzenten:

> Man braucht drei Bond-Girls im Film. Nicht mehr und nicht weniger. Die Erste ist auf Bonds Seite. Sie bleibt bis zum Ende des ersten Akts, dann wird sie vom Schurken abgemurkst, und zwar am besten in Bonds Armen. Die Zweite ist *gegen* Bond. Sie arbeitet für den Feind und bleibt bis zum Ende des zweiten Filmdrittels. Sie muss Bond gefangen nehmen, und er muss sich befreien, indem er sie mit seiner Sexualität umhaut. Sie muss *auch* abgemurkst werden, und zwar auf möglichst originelle Art. Die Dritte ist ohne Wenn und Aber auf Bonds Seite. Ihr gehört das letzte Drittel des Films, und sie darf auf keinen Fall sterben. (Roald Dahl)

Diese Faustregel gilt zwar keineswegs für *alle* Bond-Abenteuer, aber sie ist so einschlägig, dass die »Bond-Girls« noch heute mit tabellarischer Sturheit bei Wikipedia und in einschlägigen Fan-Foren in Opferlämmer, Femmes fatales und Hauptpartnerinnen (bzw. *Überlebende*) unterteilt werden. Man könnte naiv annehmen, dass mit der Zeit eine Höherentwicklung stattgefunden haben müsste, Bonds Partnerinnen gleichberechtigter werden und die anderen beiden Kategorien aussterben, aber das wäre ein Trugschluss. In den Daniel-Craig-Filmen kommen z. B. die Opferlämmer wieder in Mode, die schon bei Sean Connery und Roger Moore im Duell mit dem Schurken als Spielbälle herhalten und aussortiert werden, sobald sich ihr Daseinszweck erfüllt hat. Wenn Bond am Anfang von *Goldfinger* – er hat gerade die Heroinfabrik von Mr. Ramirez in die Luft gejagt – noch etwas zu Ende bringen muss (»unfinished business«), eine junge Tänzerin (Nadja Regin) aufsucht und von dieser in die Falle gelockt wird, ist nicht ganz klar, wie hier die Kausalität spielt: Führt ihn die Frau als Zwischenhändlerin zum Kontrahenten, oder hat ihn die Spur des Kontrahenten zur Frau geführt? Kaum eine Minute vergeht, bis Bond die nur mit einem Handtuch Bekleidete als Schutzschild gegen den Knüppel eines Attentäters eingesetzt, diesen umgebracht und die Geschlagene links liegen gelassen hat. Das Grundmuster gilt noch ein halbes Jahrhundert später für die weiblichen Mittlerfiguren. In *Skyfall* wird Sévérine empathielos beseitigt, sobald sie Bond auf Silvas Insel geschleust hat, und in *Spectre* darf Lucia Sciarra (Monica Bellucci) zwar überleben, verschwindet aber ebenfalls sang- und klanglos aus der Handlung.

Dramaturgisch gesehen sind Frauenfiguren bei Bond also bloß ein Level, das durchgespielt werden muss, um dem Ziel näher zu kommen – ansonsten ist ihre Rolle eher dekorativ. Sie werden in den 1960er Jahren häufig mit internationalen Models besetzt, wobei die Produzenten ähnlich vorgehen wie bei der

Auswahl der Drehorte – nur die Schönsten aus der ganzen Welt sollen es sein. An der Bezeichnung Bond-*Girls* haftet der Makel des Altherrenwitzes, zumal man viele von ihnen wirklich an der Seite (mittel-)alter Herren gesehen hat. Deshalb spricht man heute eher von Bond-*Frauen.* Sie tragen auch nicht mehr so unzweideutige Versprechen im Namen wie zur Blütezeit von Honey, Kissy und Pussy, deren vorbestimmte Konsumierbarkeit ein integraler Bestandteil des Bond-Phänomens war.

Der Film *Im Geheimdienst Ihrer Majestät* – gedreht 1969, auf dem Höhepunkt des sexuellen Hedonismus und der freien Liebe – führt das mustergültig vor. Der Plot scheint in Teilen auf der gastro-erotischen Fantasie zu beruhen, die Jack Lemmon im Travestie-Klassiker *Manche mögen's heiß* (*Some Like It Hot*, 1959, R: Billy Wilder) seinem Kumpel anvertraut, mit dem er gerade bei einer weiblichen Jazzkapelle untergetaucht ist: »Als ich klein war, hab ich oft geträumt, dass ich nachts in einem Konditorladen ganz allein eingeschlossen wäre, und da gab's lauter herrliche Sachen: frischen Pflaumenkuchen, Buttercrèmetorte, Sahnebaisers!« Im Bond-Film sieht das so aus, dass 007 verkleidet als impotenter Brillenträger (auch das scheint inspiriert von *Manche mögen's heiß*) in Blofelds Harem in den Schweizer Alpen eingeschleust wird. Dort kann sich der Hahn im Korb vor Angeboten bald kaum retten. Die jungen Frauen, die Blofeld zu biologischen Waffen umprogrammiert, sind in Flemings zu Beginn der Sechziger erschienenem Roman noch reinblütige, englische Landlust-Karikaturen, vor Gesundheit strotzend und nach Kartoffeln riechend. Die 1969 erschienene Filmadaption macht aus ihnen eine Galerie internationaler Playmates, und die Party, die Bond mit diesen glamourösen Models feiert, dauert dann in den Filmen bis in die frühen 1980er Jahre an.

In den Bond-Filmen der 1970er Jahre führt das Auftauchen einer jungen Frau eigentlich immer zu einem kurzen Registerwechsel zur Softpornoklamotte, ist man sich doch nach einem tiefen Blick und einem knappen Wortwechsel schnell handelseinig. In *Der Spion, der mich liebte* klopft die üppig dekolletierte Rezeptionistin an die Hotelzimmertür und haucht: »Ich habe etwas für Sie«; in *Der Mann mit dem goldenen Colt* (*The Man with the Golden Gun*, 1974, R: Guy Hamilton) verfrachtet Roger Moore wie in einer Sexfarce eine Frau in den Kleiderschrank, um Platz für eine andere zu schaffen: »*Deine* Stunde kommt auch noch, ich versprech's dir!« Selbst gelegentliche Abfuhren lassen sich verschmerzen – dann eben die Nächste. Das ist die Ausdehnung der Bond'schen Objektlogik auf die Figurenwelt – das Auto verfügt über einen Schleudersitz, weil Bond später einen Schleudersitz brauchen und einsetzen wird;

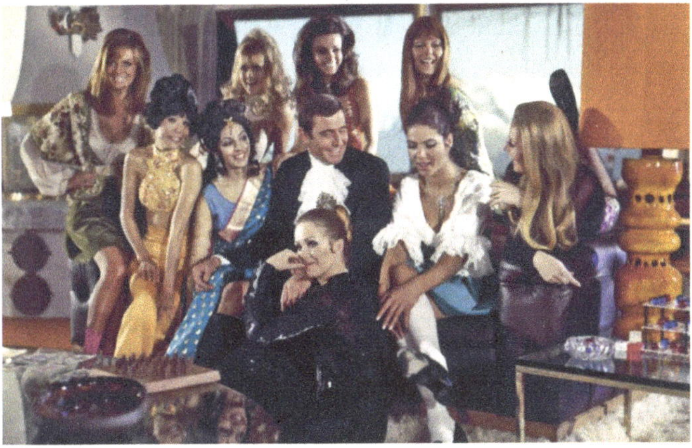

George Lazenby als Hahn im Korb (*Im Geheimdienst Ihrer Majestät*, 1969)

die Welt ist voller schöner Frauen, damit Bond schöne Frauen konsumieren kann. Die kommen zwar aus der ganzen Welt – häufig werden ehemalige Bewerberinnen um den Titel der Miss World oder (die Welt ist schließlich nicht genug) der Miss Universe gecastet –, sind aber andererseits so verlässlich jung und attraktiv, dass Bond nur sehr bedingt als Diversitätsbotschafter taugt. Dass er sich etwa in *Spectre* angeblich mit einer ›älteren‹ Frau einlässt, wie die Presse anlässlich des Kinostarts berichtete, sollte schon um den Hinweis ergänzt werden, dass die 50-jährige Monica Bellucci gegenüber dem 47-jährigen Daniel Craig auch nicht älter ist, als es die Pussy-Galore-Darstellerin Honor Blackman gegenüber Sean Connery in *Goldfinger* war – am Schluss von *Spectre* fährt Craig lieber mit der 17 Jahre jüngeren Léa Seydoux ins Happy End. Lois Maxwell, die von 1962 bis 1985 die Miss Moneypenny gespielt hat, wird im Lauf der Jahre erst vom Büroflirt zur mütterlichen Freundin degradiert und dann von Roger Moore verabschiedet. Bereits in *Octopussy* flirtet er lieber mit ihrer jüngeren Assistentin und signalisiert damit unmissverständlich, dass für ihn Frauen über fünfzig (und wenn man ehrlich ist: eigentlich auch die meisten Frauen über dreißig) erotisches Sperrgebiet sind. Maxwell war, nebenbei bemerkt, ganze acht Monate älter als Roger Moore.

Ein wenig unterschätzt sind Bonds Frauen dennoch, auch wenn sie wohl kaum als Musterbeispiele feministischer Selbstermächtigung durchgehen. Beim verbalen Sparring mit Bond machen sie immer eine gute Figur, und die Rollen haben keineswegs nur schauspielerische Laiinnen angezogen, die lediglich gut im Bikini aussehen sollten, sondern auch herausragende Darstellerinnen wie Diana Rigg (*Im Geheimdienst Ihrer Majestät*), Halle Berry (*Stirb an einem anderen Tag*) und Eva

Green, die Bond in *Casino Royale* wunderbar Paroli bietet (»Wie war Ihr Lamm?« – »Aufgespießt. Ich kann's ihm nachfühlen«). Greens Auftritt als Vesper Lynd war eine wichtige Zäsur und hat das Frauenbild bei Bond weiterentwickelt. Vergleichbare Versuche beschränkten sich lange Zeit darauf, vor die Namen der weiblichen Figuren im Drehbuch einen Doktortitel zu setzen, was die Rollen aber eher noch unspielbarer gemacht hat. Die Kernphysikerin *Dr.* Christmas Jones (Denise Richards in *Die Welt ist nicht genug*) ist eine läppische Lara-Croft-Kopie, der auch noch die undankbare Aufgabe zufällt, wissenschaftliche Infokästen laut aufzusagen, die zum Verständnis der Handlung nötig sind, aber von keiner Schauspielerin der Welt zum Klingen gebracht werden könnten: »Der Wasserstoffgehalt ist mir zu hoch. Nur ein Funke, und der Reaktor fliegt in die Luft. Das muss ich verhindern!«

Vermutlich kann man von Bond gar keine dreidimensionalen Frauenfiguren und Dialoge auf Augenhöhe erwarten. Schließlich ist seine männliche Dominanz ein Strukturelement in den Geschichten – jede Veränderung hieran muss eine Verschiebung des Gesamtgefüges nach sich ziehen, ein Schritt nach vorn bedeutet also mindestens einen zurück. Mit den Jahren kämpfen immer mehr fähige Agentinnen an Bonds Seite, aber ihnen allen wird früher oder später ihr Platz zugewiesen. Majorin Anya Amasova (Barbara Bach in *Der Spion, der mich liebte*), die kompetenteste Spionin des KGB, verkommt angesichts des drohenden Weltuntergangs zur hilflosen Badenixe, Wai Lin (Michelle Yeoh in *Der Morgen stirbt nie*) und Jinx (Halle Berry in *Stirb an einem anderen Tag*) müssen sich erst von Bond retten lassen und dann vor Dankbarkeit in seinen Armen versinken, und zwar in den Trümmern des Showdowns.

In *Keine Zeit zu sterben*, der sich eigentlich auf allen Ebenen zum feministischen Credo *The future is female!* bekennt, heben sich Vorwärts- und Rückwärtsbewegung gegenseitig auf. Ana de Armas und Lashana Lynch machen ihre Sache als junge Agentinnen sehr gut, lassen Bond aber an den dramaturgisch entscheidenden Stellen den Vortritt. Der Platz in der zweiten Reihe war für Bonds Frauen noch nie verhandelbar. Als die ehemalige CIA-Agentin Pam Bouvier (Carey Lowell in *Lizenz zum Töten*) seinen Vorschlag, sie solle zur Tarnung seine Sekretärin spielen, mit dem Einwand zurückweist, man könne die Rollen ja auch tauschen, antwortet Bond mit schallendem Gelächter, wie es sonst den Schurken kurz vor dem Zünden der Atomraketen vorbehalten ist.

Dass weibliche Bevormundung bei Bond kein Dauerzustand sein darf, muss auch die von Judi Dench gespielte, mütterliche Chefin M lernen. Liest sie Bond in *GoldenEye* noch streng die Leviten, verwandelt sie sich später zur fragilen Glucke, der ihr ›bester Mann‹ aus der Patsche helfen muss. In der Struktur von *Skyfall* spielt M zwei verschiedene Rollen: die der gestrengen Mutter, die ihren Lieblingssohn (Bond) gegen das schwarze Schaf der Familie (den in Ungnade gefallenen Ex-Agenten Silva) ausspielt, und später noch die traditionell dem ›dritten Bond-Girl‹ zufallende Rolle der Partnerin, die von Bond im Finale gerettet werden muss – was ihm in *Skyfall* nicht gelingt. Frauen, denen Bond emotional nahesteht, erleben das Ende des Films ohnehin nur selten, insofern geschieht seine routinierte Zurückweisung von Moneypennys Avancen vielleicht nur zu deren eigenem Schutz. Elektra King, die von Sophie Marceau gespielte, bislang einzige Erzschurk*in* in der Welt von 007, ereilt am Ende von *Die Welt ist nicht genug* das Schicksal aller Bond-Gegner, auch wenn ihr Tod etwas theatralischer und weniger grotesk ausfällt als die slapstickhaften Abgänge von Auric Goldfinger (aus dem Flugzeugfenster gesaugt) oder Mr. Big (geplatzt wie ein Ballon). Es würde Bond ähnlichsehen, die auf Elektra abgefeuerte Kugel als seinen ganz persönlichen Beitrag zur Gleichberechtigung der Geschlechter zu rechtfertigen.

In *Keine Zeit zu sterben* werden die Rollen immerhin einmal getauscht, denn hier ist es Bond, der sich am Schluss für Frau und Kind opfert. Den Präzedenzfall für diesen mythologisch aufgeladenen Opfergang haben übrigens die alten Griechen geschaffen, was in einem Film, der vom Supervirus Heracles handelt, wohl auch keine große Überraschung darstellt. Auch dem Herakles geht es der Überlieferung zufolge an den Kragen, als er eine Frau zu nah an sich heranlässt. Er stirbt, weil ihm seine nichtsahnende Frau Deianeira (»unerfahren in Ränken«, wie es in der Nacherzählung von Gustav Schwab heißt) ein mit dem giftigen Blut des Kentauren Nessos eingeriebenes Hemd bereitlegt. Daniel Craig wird in seiner letzten Szene als James Bond dann ziemlich detailgenau nachspielen, wie der sterbende Herakles den Oita-Berg erklimmt, um in den Olymp aufzusteigen. Was James Bond im *Double-Oh-Heaven* erwartet, bleibt unserer Fantasie überlassen, aber wenn es so läuft wie in der Mythologie, dann hätte auch ein Roger Moore seine Freude daran gehabt. Laut Überlieferung hat Herakles nämlich im Kreis der Himmlischen seine Ehefrau nicht wiedergesehen, aber dafür mit Hebe, der Göttin der ewigen Jugend, so manch fröhliches Wochenende verlebt.

005 Herren und Knechte

»Ich habe Sie schon erwartet, Mr. Bond!«

Der moderne Superheldenfilm lehrt uns, dass die Vorstellung des durch und durch Bösen eigentlich der Vergangenheit angehört. Es ist zur Norm geworden, dass Held und Widersacher einander entsprechen, der ›Gute‹ innere Dämonen bekämpft und der ›Böse‹ ein tragischer Antiheld ist. Killmonger, der Gegenspieler von *Black Panther* (2018, R: Ryan Coogler), will die unterdrückte schwarze Bevölkerung zum Aufstand führen, und sogar aus Batmans ewigem Widersacher, dem Joker, ist ein Sprachrohr der Geknechteten geworden. Mit solchen Lektionen braucht man James Bond nicht zu kommen – für ihn besteht meist kein Zweifel an seinem Auftrag, weshalb er seine größenwahnsinnigen Kontrahenten ohne Gewissensbisse töten kann. Bond ist ein brav abgerichteter Hund und schaltet aufs Kommando »Fass!« den unerwünschten Eindringling aus. Umberto Eco zufolge dürfen wir Bond dabei keine ideologische Parteinahme unterstellen, sondern müssen uns vergegenwärtigen, dass hier »aus bloßer rhetorischer Notwendigkeit« mit dem Ressentiment geflirtet wird. Damit der Drachentöter seine Arbeit verrichten kann, braucht die Geschichte einen Drachen.

Ian Fleming hat seine Bösewichte aus etablierten Versatzstücken der Kriminal- und Spionageliteratur seit dem 19. Jahrhundert recycelt. Der allererste Bond-Schurke, Le Chiffre, wird in *Casino Royale* als launige Mischung aus Fremdheits- und Effeminiertheitsklischees eingeführt, und allzu sehr weicht der Autor in späteren Büchern eigentlich nie von diesem Schema ab. Laut Geheimdienstdossier hat Le Chiffre das Konzentrationslager von Dachau überlebt; körperliche Merkmale (!) legen nahe, er habe »jüdisches Blut« in sich. Wie es sich für große Geister in der Professor-Moriarty-Tradition gehört, ist Le Chiffre ein As in Mathematik und polyglott, allerdings auch ein humorloser Knochen und völlig empathielos. Schnell wird klar, dass es Bond nicht mit einem ›richtigen‹ Mann zu tun bekommen wird – strategisch eingestreute Hinweise auf Le Chiffres »weiblichen Mund« und seine zu kurz geratenen Gliedmaßen sprechen da eine unzweideutige Sprache. Solche Mangelmänner können sich weder mit James Bonds Kampfkunst noch mit seiner unerschöpflichen Potenz messen. Wenn diese Drachen die Prinzessin entführen, dann nur, um sie im Turm einzusperren oder dekorativ auszustellen. Man denke an den König-Midas-Verschnitt Auric Goldfinger, der die Frauen nur betrachten, aber nicht berühren kann.

So viel Impotenz schürt Minderwertigkeitskomplexe, und die bekommt die Welt zu spüren, entsprechend einer ziemlich einfältigen Logik des Ressentiments. Devianz im Erscheinungsbild wird mit Hässlichkeit gleichgesetzt, die sich wiederum im hässlichen *Charakter* niederschlägt. Bis heute ist in der Welt von James Bond keinem über den Weg zu trauen, der eine Narbe im Gesicht trägt. Deshalb kritisierte die Organisation Changing Faces zum Kinostart von *Keine Zeit zu sterben*, in dem es Bond mit dem von Kopf bis Fuß mit Narben und Rachegelüsten ausstaffierten Lyutsifer Safin (Rami Malek) zu tun bekommt, dass 007 es so langsam eigentlich besser wissen sollte. Sicher, die Feindbilder sind krude, aber sie sind keineswegs ein Alleinstellungsmerkmal der James-Bond-Geschichten. William Shakespeares charismatischster Schurke, der bucklige Richard III., gibt sich gleich in seinem ersten Auftritt als Urahne deformierter Bond-Schurken wie Shady Tree (Buckel) und Dr. No (keine Hände) zu erkennen: »um dies schöne Ebenmaß verkürzt, / Von der Natur um Bildung falsch betrogen«, kann Richard seine Zeit »nicht als ein Verliebter« verbringen und entschließt sich deshalb, »ein Bösewicht zu werden«. Die Missgunst ist so einem schon im Mutterleib in Fleisch und Blut übergegangen, weshalb er nicht reformierbar ist und eliminiert werden muss.

Zumindest in den Filmen der 1960er Jahre verkörpert Bond noch einigermaßen glaubhaft den Zorn der Jugend auf eine lernunfähige Vatergeneration, indem er ältere Gegenspieler wie Goldfinger (Gert Fröbe) und Largo (Adolfo Celi) bekämpft. Später hat sich das ins Gegenteil verkehrt. In Filmen wie *Im Angesicht des Todes* oder *Stirb an einem anderen Tag*, den letzten Einsätzen von Roger Moore bzw. Pierce Brosnan, tritt ein Bond in mittleren Jahren auf, der als Vertreter des Establishments einen agilen Emporkömmling am Schlafittchen packt und aus dem Herrenklub wirft. Etwa auf halber Strecke zwischen den impotenten Vätern und den ungehobelten Rotzlöffeln existieren die gleichaltrigen Rivalen, mit denen Kain-und-Abel-Geschichten erzählt werden, z. B. in *GoldenEye* und *Spectre*. James Bond mag in den 1960er Jahren *alle* Schichten ins Kino gelockt haben, aber er war nie der Vorreiter

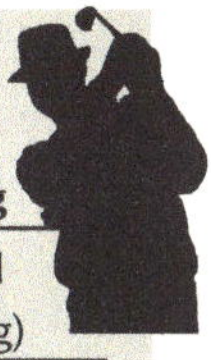

Bonds sportliche Duelle (Auswahl)

Sportart	Film	Gegner	Einsatz	Spielausgang
Golf	*Goldfinger*	Auric Gold-finger	Gold-barren	Sieg für Bond (durch Betrug)
Skifahren	Mehrere Filme	Mehrere Gegner	Leben und Tod	In der Regel entkommt Bond
Curling	*Im Geheim-dienst Ihrer Majestät*	Die Piz-Gloria-In-sassinnen	?	Sieg für die Gegnerinnen (Bond rutscht auf dem Eis aus)
Karate	*Der Mann mit dem goldenen Colt*	Mehrere Gegner	Leben und Tod	Disqualifikation Bonds (Flucht nach unerlaubtem Tritt)
Eis-hockey	*In tödlicher Mission*	Mehrere Gegner	Leben und Tod	3 : 0 für Bond, nachdem er drei Gegner ins Tor geprügelt hat
Back-gammon	*Octopussy*	Kamal Khan	Fabergé-Ei	Sieg für Bond (durch Betrug)
Snow-boarding	*Im Angesicht des Todes*	Mehrere Gegner	Mikrochip	Sieg für Bond
Pferde-rennen	*Im Angesicht des Todes*	Max Zorin	Leben und Tod	Sieg für Zorin (durch Betrug)
Fechten	*Stirb an einem an-deren Tag*	Gustav Graves	Diamant	Sieg für Bond
Parkour	*Casino Royale*	Mollaka	Leben und Tod	Disqualifikation Bonds (er erschießt seinen Gegner)

einer klassenlosen Gesellschaft – das verdeutlichen seine zivilisiert verlaufenden ersten Begegnungen mit den Schurken. Viel Erzählzeit entfällt auf Bonds Golfpartie mit Auric Goldfinger und seinen Besuch auf Max Zorins Pferdegestüt, aber diese Episoden sind wichtig. Sie unterstreichen, dass einer, der nicht von Geburt an Zutritt zum Klubhaus hat, das Scheckbuch zücken muss, ohne aber je wirklich dazugehören zu können. Goldfinger lässt (als schlechter Verlierer) seinen Handlanger nach verlorenem Match eine Statue des Golfklubs enthaupten und wischt Bonds Einwand, das werde den Besitzer sicher schmerzen, beiseite: »Der Klub gehört *mir.*«

Für die Struktur der Geschichten spielt es aber letztlich keine Rolle, wie alt Bonds Gegenspieler sind und über welche klassenkämpferische Ambition sie verfügen. In Wahrheit sind sie allesamt kindliche Egozentriker (meins! meins! meins!), die beim Bau ihrer Lego-Welten das Maß verloren haben. Der Filmwissenschaftler Cord Krüger stellt in einem geistreichen Essay die Überlegung an, dass wir die Bond-Schurken im Grunde »für ihr anmaßendes, aber betörendes Treiben [bewundern]«, so wie wir auch die künstlerische Leistung eines Kindes beim Sandburgenbauen anerkennen, nur: 007 gefällt uns noch besser, weil er »das Gebilde wieder einreißen [darf]«. Diese Sandburgen sind kostenintensive Unterfangen; schließlich treten nicht wenige Bond-Schurken mit dem Ehrgeiz an, neue Zivilisationen zu errichten. Die Zeitschrift *Cinema* überschlug Anfang der 2000er Jahre am Rechenschieber, dass die Weltherrschaft bei James Bond nicht unter 100 Millionen Euro Startkapital zu haben ist, wovon u. a. eine eigene Insel, das Hauptquartier mit Personal und die Anschaffung einer Perserkatze zu bestreiten sind.

Mag sich vor allem in der Ära Daniel Craig einiges an der Psychologie der Bond-Schurken geändert haben, in mancher Hinsicht hat Bond niemals die 1950er Jahre hinter sich gelassen. Le Chiffre wirkt bis heute als international durchmischter Prototyp nach – »mediterran, mit preußischen oder polnischen Einsprengseln«, wie es im Roman heißt. Fleming mixt seine Bösewichte aus historischen und fiktionalen Vorbildern. Pseudo-asiatischer Fu-Manchu-Exotismus kommt dabei genauso zur Geltung wie Mafia- und Osteuropaklischees. Gebündelt wird diese Alptraumgalerie des Unbritischen zunächst noch in Moskau, wo die Fäden der Verschwörung verlässlich zusammenlaufen. In Flemings Romanen stehen sogar vermeintliche Einzeltäter wie Auric Goldfinger und der Voodoo-Schurke Mr. Big in Diensten der Sowjets, als Mitglieder des von Stalin begründeten Programms *Smjert Shpionam* (»Tod den Spionen!«, abgekürzt SMERSH). Anfang der 1960er Jahre dachte Fleming um und erfand die *Special Executive for Counter-Intelligence, Terrorism, Revenge and Extortion*, abgekürzt SPECTRE und vom asexuellen Verbrecherhirn Ernst Stavro Blofeld mit biedermeierlicher Strenge geführt.

> »Ich sah keinen Sinn mehr darin, den Russen eins auszuwischen, vor allem als diese Geschichte mit der friedlichen Koexistenz allmählich Früchte zu tragen schien. Deswegen habe ich SMERSH ad acta gelegt und mir stattdessen SPECTRE ausgedacht.« (Ian Fleming)

Wir begegnen diesem globalen Dachverband des Bösen zum ersten Mal am Anfang des Romans *Feuerball*. Blofeld bilanziert da mit der Nüchternheit eines streng nach Vereinssatzung arbeitenden Kassenwarts Einnahmen aus Raub und Erpressung – eine klare Anspielung auf den inhumanen Verwaltungsapparat des Dritten Reichs. Als Fassade von SPECTRE dient ein internationales Wohlfahrtsunternehmen, von dem sich der ehemalige Bond-Drehbuchautor Roald Dahl möglicherweise zur *Königlichen Gesellschaft zur Vermeidung von Kindesmisshandlungen* inspirieren ließ, unter deren Deckmantel die mordlüsternen alten Weiber in *Hexen hexen* (*The Witches*, 1983) ihre Gräueltaten planen. Roger Moore rühmt die Erfindung von SPECTRE in seiner Autobiographie *Bond über Bond* (*Bond on Bond,* 2012) als geradezu humanistische Geste, mit der Fleming »einen politisch neutralen Gegner« für Bond geschaffen habe, aber das ist natürlich etwas blauäugig. Vor allem ist SPECTRE ein dramaturgischer Kniff, der dazu dient, ohne größere historische Verrenkungen auf ein immenses Inventar von Feindbildern zurückgreifen zu können – Korsen, Polen, untergetauchte Nazis usw. Als Firmenemblem dient ein ominöser Oktopus, und man fragt sich, ob das angeblich geheimste Terrornetzwerk der Welt nicht diskreter und effizienter arbeiten könnte, wenn es auf derlei Klubinsignien verzichten würde. Der windige Kraken gehört überdies in den Dunstkreis antisemitischer Polemik, die immer wieder die gierigen Fangarme des ›ewigen Juden‹ heraufbeschworen hat. Dieses Bildrepertoire ist heute noch präsenter, als uns lieb sein kann. Nur anderthalb Jahre, bevor der Film *Spectre* ins Kino kam, in dem Blofeld (Christoph Waltz) eine unheilvolle Allianz mit den ›Datenkraken‹ staatlicher Überwachungsorgane eingeht, hatte eine Karikatur in der *Süddeutschen Zeitung* den Facebook-Gründer Mark Zuckerberg als hakennasigen Oktopus gezeigt.

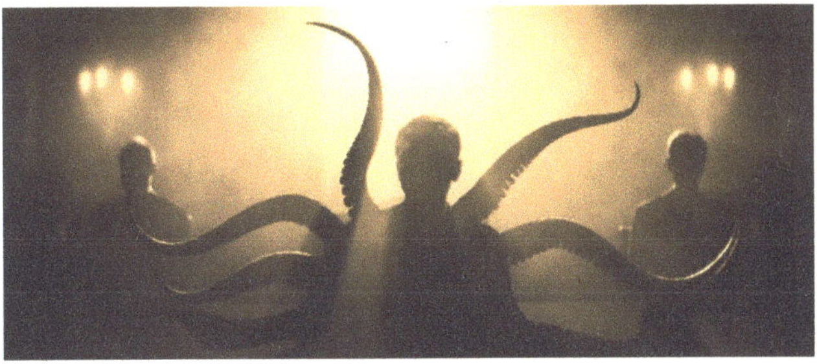

Der Oktopus als Wappentier von SPECTRE im gleichnamigen Film (2015)

Ob man derlei Flirts mit antisemitischer Bildgeschichte noch als bloßes Strukturelement entschuldigen kann, muss bezweifelt werden. Die Bond-Filme haben dieses von Fleming geerbte Problem nicht aus der Welt geschafft, sondern eher überformt, indem sie in ihren Feindbildern derart viele Ethnien und Länder zusammenbringen, dass man das Ganze kaum noch ernst nehmen kann. Seit dem berüchtigten *Yellowfacing* des ersten Films – der aus Kanada stammende, jüdische Schauspieler Joseph Wiseman spielt den Chinesen Dr. No – haben sich die James-Bond-Schurken nur selten auf ihre Herkunft festnageln lassen, mit viel Unterstützung der Autoren, des Castings und der (Nach-)Synchronisation. Da spielt der aus Zwickau stammende Gert Fröbe den englischen (!) Schurken Auric Goldfinger, dessen Name Bond zufolge eher »nach französischem Nagellack« klingt, und wird im Original von einem Engländer nachsynchronisiert, der sich wiederum Mühe gibt, mit kaum lokalisierbarem Akzent zu sprechen (»Fort Nokß iß ey bähnk!«). Ähnliche Verwirrung stiftet Lyutsifer Safin (*Keine Zeit zu sterben*), an dem eigentlich alles schwer zu durchschauen ist: sein Alter, seine Herkunft und seine Motive.

Ihn spielt Rami Malek, ein in Kalifornien aufgewachsener Sohn ägyptischer Immigranten; sein Akzent ist von Nutzern diverser James-Bond-Foren u. a. für persisch, russisch und österreichisch gehalten worden.

Ein wenig eindeutiger, wenn auch nicht logischer, verhält es sich um Hugo Drax in *Moonraker* – bei Fleming ist er ein untergetauchter Nazi, der sich als Engländer ausgibt, und im Film wird er vom französisch-britischen Schauspieler Michael Lonsdale verkörpert. Hinreißend absurd wird es beim nordkoreanischen General Moon (*Stirb an einem anderen Tag*), der sich nach einer DNA-Therapie als argentinisches Waisenkind neu erfindet und in England zum Selfmade-Millionär Gustav Graves (Toby Stephens) wird. Man braucht begnadete Schauspieler, um solche wahnwitzigen Narzissten zu spielen, und die Bond-Schurken sind begehrte Rollen – Daniel Craig bekam es dreimal in Folge mit Oscar-Gewinnern zu tun (Javier Bardem [*Skyfall*], Christoph Waltz [*Spectre*] und Rami Malek [*Keine Zeit zu sterben*]). Keiner von ihnen hat am Akzent oder an der Mimik gespart, aber wieso auch? Wenigstens als James-Bond-Schurke sollte man einen Spitzenwert auf der Klaus-Kinski-Skala anpeilen dürfen.

Minions und Mogule

Die wenigsten Verbrecherhirne haben James Bond ernstlich im Kampf gefordert. Dafür haben sie ja, als eine Art externe Körperprothese, ihre unverwüstlichen Handlanger – jene tumben Giganten, die aufs Wort gehorchen und mit ihrer imposanten Physis in die Tradition der Jahrmarkt-Freakshows gehören. Bond ist der Freiwillige aus dem Publikum, der fünf

Minuten lang mit diesen Zyklopen im Ring durchhalten muss und sich nur mit List die Handprothese von Tee Hee (Julius Harris in *Leben und sterben lassen*), den tödlichen Hut von Oddjob (Harold Sakata in *Goldfinger*) und die Zähne des Beißers (Richard Kiel in *Der Spion, der mich liebte* und *Moonraker*) vom Leib halten kann. Der Gehilfe ist der verlängerte Arm des wahnsinnigen Gehirns und fungiert als Bindeglied zur Privatarmee. Mit den *Minions* existiert in der Popkultur inzwischen sogar eine Knuddelversion dieser gesichtslosen Handlanger, die von Bond und seinen Verbündeten spätestens beim Showdown über den Haufen geballert werden – anspruchslose Sklaven, deren Lebenszweck in der Knechtschaft besteht, deren sprachliches Kauderwelsch zu Flemings Hybridlösungen passt und deren gelbe Hautfarbe auf ziemlich derbe Art und Weise daran erinnert, dass die ersten Schurkenheere in den Bond-Filmen aus Asiaten bestanden. Im Fall von *Goldfinger* ergibt das dramaturgisch kaum Sinn, aber wer reich ist, kann sich ja jeden Spleen leisten. Der notorische Daumenlutscher Hugo Drax (in Flemings Roman *Moonraker*) gebietet über seine Helferlein wie über eine Spielzeugarmee: »Ich habe ihnen befohlen, sich Schnurrbärte wachsen zu lassen.« Doch was bewegt die Handlanger überhaupt, sich in den Dienst eines Schurken zu stellen? Dazu der Drehbuchautor Steven E. de Souza, der mit *Stirb langsam* (*Die Hard*, 1988, R: John McTiernan) seine Vertrautheit mit dem Bond'schen Schurkenschema unter Beweis gestellt hat:

> Ich habe mich immer gefragt, wo die Handlanger eigentlich herkommen – all diese Typen, die in irgendwelchen Baracken im Vulkan hausen. Wissen ihre Verwandten, wo sie stecken? Und wie sind sie dort gelandet? »Wir haben hier

tolle Jobs für euch. Mit Krankenversicherung und zwei Wochen bezahltem Urlaub. Aber ihr müsstet eure Familien verlassen und zehn Monate im Vulkan wohnen.« Scheint doch alles recht vage zu sein.

Da in den Bond-Showdowns mittlerweile etwas kleinere Brötchen gebacken werden als zu Zeiten der unterirdischen bzw. subaquatischen Geheimquartiere, ist der Berufszweig des anonymen Knechts jedoch vom Aussterben bedroht. Für seinen würdigen Nachruf hat die Bond-Persiflage *Austin Powers* gesorgt. In einer brillanten Szene des ersten Powers-Films (*International Man of Mystery*, 1997, R: Jay Roach) wird die Familie des Gehilfen, den der Superagent gerade mit der Dampfwalze überfahren hat, telefonisch von seinem Ableben unterrichtet. In umwerfend melodramatischen Vignetten trauern Ehefrau und Freunde dann um den anscheinend herzensguten Familienvater: »Die Leute ahnen ja gar nicht, wie hart es für die Familie eines Handlangers ist.«

Den *Ober*schurken als Kumpeltypen darzustellen, haben sich dagegen nur die *Simpsons* getraut – Hank Scorpio, auf dessen geheimer Basis Homer kurzzeitig seine, nun ja, ›Kompetenz‹ als Kernkrafttechniker einbringt, spendiert seinen Angestellten Hängematten und Obstkörbe und nimmt es ihnen nicht mal übel, wenn sie noch während der finalen Schlacht kündigen: »Aber wenn Sie auf dem Weg nach draußen noch ein paar Leute erschießen könnten, wäre das sehr nett.« Die Möglichkeiten eines solch zeitgemäßen Verständnisses von Schurkenhaftigkeit hat die James-Bond-Reihe leider noch nicht eruiert. Wenn sie ihre Bösewichte modernisiert, kommt sie auf Drogenbarone (Franz Sanchez in *Lizenz zum Töten*) oder Ölmagnatinnen (Elektra King in *Die Welt ist nicht genug*), aber nicht auf lächelnde, neoliberale Dotcom-Millionäre, die in der Garage ihrer Eltern ein eigenes Start-up aufgebaut haben. Einen kleinen Schritt in diese Richtung stellt immerhin der Medientycoon Elliot Carver (Jonathan Pryce) in *Der Morgen stirbt nie* dar, der zur Steigerung seiner Auflage einen Krieg vom Zaun brechen will und zumeist als fiktive Version von Rupert Murdoch gelesen wird. Dabei erinnert Carvers messianische Selbstinszenierung zum Launch seines neuen Nachrichtensatelliten heute viel stärker an die Moses-artigen Präsentationen von Steve Jobs, wenn der seinen Jüngern mal wieder neue Steintafeln (bzw. Tablets) vom Himmel darreichte. Der Dialog zwischen Carver und seinen Produktentwicklern ist so geschrieben, wie man sich 1997 eine von Bill Gates geleitete Teambesprechung bei Microsoft vorgestellt hat: »Sind wir so weit, dass wir unsere neue Software auf den Markt werfen können?« – »Ja, Sir, und wie gewünscht ist sie voller Macken, sodass die Kunden noch jahrelang nachrüsten müssen.« – »Ausgezeichnet!« Näher ist die Bond-Reihe einem klassischen Moment reiner Schurkenhaftigkeit eigentlich nie wieder gekommen als mit diesem kleinen Revanche-Foul gegen Windows 95.

Biopolitik nach Bond

Wie bereits deutlich geworden ist, werden die Bond-Schurken von vielerlei Beweggründen getrieben. Einige wollen den Westen destabilisieren, andere treibt ganz banale Profitgier um. Als Inbegriff des Bösen bei James Bond gelten allerdings jene Wahnsinnigen, deren Projekt man nebulös mit Weltherrschaft umschreiben kann – richtig wäre eigentlich: *Neuerfindung* der Welt. Diese Agenda trifft strenggenommen auf gar nicht so viele Bond-Schurken zu. Auch Blofeld ist an der Spitze von SPECTRE ›bloß‹ ein Erpresser, der mit dem Abfeuern von Atomraketen droht, falls das Lösegeld nicht rechtzeitig eingeht. Karl Stromberg (Curd Jürgens in *Der Spion, der mich liebte*) und Hugo Drax (*Moonraker*), mit denen es Roger Moore in zwei aufeinanderfolgenden Abenteuern zu tun bekommt, sind dagegen an einer Vermehrung ihres Reichtums nicht interessiert. Sie wollen die Erdbevölkerung ausradieren, um eine neue Weltordnung herbeizuführen – Stromberg auf dem Meeresgrund, Drax vom Weltall aus.

Beides sind *biopolitische* Projekte – mit diesem Begriff hat Michel Foucault staatliche Eingriffe in die Fortpflanzung und die Ausgestaltung von Leben beschrieben, die sich auf wissenschaftlich umkämpfte Vorstellungen von Natur stützen. Bei Foucault ist das Teil eines größeren Prozesses ab dem 17. Jahrhundert, der politischen Missbrauch biologistischer Ideen einschließt. Sozialdarwinismus und Rassentheorie, mit denen Unterdrückung und Auslöschung ganzer Bevölkerungsgruppen gerechtfertigt wurden, sind besonders erschreckende Beispiele dafür. Der biopolitisch geprägte Machtapparat der Moderne – und an dieser Stelle zitiert Foucault unbeabsichtigt den Titel eines James-Bond-Films – hat das Privileg, »leben ›zu machen‹ und sterben zu ›lassen‹«. In der Geschichte des 20. Jahrhunderts ist Biopolitik, also die ›Politik des Lebens‹, immer stärker zu *Thanato*politik (einer ›Politik des Todes‹) geworden, wie der Philosoph Giorgio Agamben ausführt: einer inhumanen Herrschaft, die wertes von vermeintlich unwertem Leben trennt.

Hugo Drax, einer der Hitler-haftesten Schurken des James-Bond-Universums, wählt erlesene Exemplare der Spezies Mensch aus und schießt sie auf einer Arche ins Weltall, damit sie dort den Genozid an der restlichen Bevölkerung aussitzen und die Erde neu besiedeln können. 007 vereitelt den Triumph dieser Herrenrasse, nur suggeriert der Schluss des Films, dass Drax' Plan ziemlich genau Bonds Weltbild entspricht. Schließlich führen Bonds Abenteuer dem Publikum permanent vor Augen, dass die körperlich potente, weiße Elite überlebensfähiger ist – weißer, attraktiver Mann besiegt Gegenspieler mit dubiosem Stammbaum und wird mit weißer, attraktiver Frau belohnt. Am Schluss von *Moonraker* darf sich Bond, nachdem er die Arche zerstört und Drax getötet hat, mit der schönen und schlauen Wissenschaftlerin Holly Goodhead (Lois Chiles) unter einem weißen Laken paaren. Das unterscheidet sich von Drax' Vision eigentlich nur dadurch, dass Bond und Goodhead dabei keinen Nachwuchs zeugen möchten – Dank sei der Antibabypille, die ihren Siegeszug um die Welt etwa zeitgleich mit 007 antritt. Auch die Pille war ja nicht zuletzt eine strittige biopolitische Maßnahme, besonders in denjenigen Ländern, wo die Fortpflanzung planwirtschaftlich geregelt wurde und wo die Industrienationen neue Verhütungsmittel ohne Rücksicht auf Verluste an der ökonomisch schwachen einheimischen Bevölkerung ausprobierten.

Vielleicht ist eine Galerie der Bond-Schurken also erst dann vollständig, wenn sie auch James Bond selbst aufnimmt. Verwiesen sei in diesem Zusammenhang auf den Prolog des auf *Moonraker* folgenden Films, *In tödlicher Mission*. Hier tritt noch einmal Blofeld (John Hollis) auf, der inzwischen im Rollstuhl sitzt. Der Übermensch Bond entsorgt seinen behinderten Gegenspieler kurzerhand in einem industriellen Schornstein, völlig unberührt von den daran geknüpften historischen Assoziationen. So etwas darf man anscheinend, wenn man eine Lizenz zum Töten besitzt.

006 Der Botschafter von der Insel

Für Königin und Vaterland

Wie bereits anklang, handelt es sich bei James Bonds vermeintlichem sexuellen Hedonismus möglicherweise nur um ein großes Missverständnis. Man kann sogar noch weitergehen und James Bond einen missverstandenen Monogamisten nennen, der über ein halbes Jahrhundert nur *einer* Frau die Treue hielt: Elizabeth II., Regentin des Vereinigten Königreichs von Großbritannien und Nordirland. Anlässlich der Eröffnung der Olympischen Sommerspiele 2012 in London gelang den Organisatoren der Coup, die am längsten regierende Monarchin der britischen Geschichte für den Kurzfilm *Happy and Glorious* mit Daniel Craig zusammenzubringen. Es wurde ein liebevoll-ironischer Werbespot mit zwei nationalen Heiligtümern und zugleich eine Parodie auf den typischen Bond-Prolog. Nahmen die Rabauken Sean Connery und Roger Moore ihre wöchentlichen Hausaufgaben im Büro des gestrengen Vaters (M) entgegen, ist es hier der brave Filius Daniel Craig, der die Mutter der Nation in ihren Gemächern aufsucht, um sie auf einen Rundflug über Londons beliebteste Postkartenansichten einzuladen.

Zugleich war der Olympiafilm ein vorgezogener Gruß zur Diamantenen Hochzeit der Monarchin mit ihrem treuesten Soldaten – beide haben ihr Amt etwa zur selben Zeit angetreten. In einem Brief an seinen Verleger gibt Ian Fleming unumwunden zu, den Titel seines 1953 erschienenen Erstlingswerks, *Casino Royale*, so gewählt zu haben, dass man im anstehenden Krönungsjahr noch ein paar Leser mehr abgreifen könne. Seinem Wunschtermin für die Veröffentlichung des ersten Bandes, Elizabeths Krönungstag, kam der Verlag dann nur um ein paar Wochen zuvor. Über eine kleine familiäre Verbindung ins Königshaus verfügte Bonds Erfinder da bereits – seine Frau Ann war eine Cousine von Martin Charteris, dem u. a. in der Netflix-Serie *The Crown* (2016–2023) verewigten treuen Privatsekretär Elizabeths, der bis zu seiner Pensionierung 1977 so manche Palastkrise managte.

Zu einem persönlichen Auftritt in einem Bond-Film ließ sich die Queen gleichwohl niemals hinreißen, und auf Elizabeth-Doubles griff man allenfalls in anderen Ländern zurück, wenn man den Briten eins auswischen wollte. So wurde die Queen in temporeichen Possen wie *Die nackte Kanone* (*The Naked Gun*, 1988, R: David Zucker) oder *Schöne Küsse aus Fernost* (*Bons Baisers de Hong Kong*, 1975, R: Yvan Chiffre) zum Ziel von Entführungs- und Attentatskomplotten. Für die Bond-Reihe wäre das ein Sakrileg gewesen; dort muss nur Margaret Thatcher dran glauben, die am Schluss von *In tödlicher Mission* auftritt (gespielt von Janet Brown) und als verklemmter Hausdrachen verspottet wird. Aber auch ohne persönliche Gastspiele war die Queen im Bond-Universum omnipräsent, besonders im Titel des zehnten Bond-Romans, *Im Geheimdienst Ihrer Majestät*. Es dürfte kein Zufall sein, dass Bond ausgerechnet in diesem Buch den Dienst quittiert, um mit dem gefallenen Engel Teresa di Vicenzo den Bund fürs Leben einzugehen. Der gewaltsame Tod der jungen Ehefrau auf dem Weg in die Flitterwochen führt Bond dann aber doch wieder in den Schoß seiner Dienstherrin zurück. Der Traum, privates Liebesglück und patriotische Pflichterfüllung unter einen Hut zu bringen, scheint nur im Vorspann des Films erreichbar, durch den sich die gute alte Britannia-Figur als verkappte Liebesgöttin schlängelt.

Der Königin kam bei James Bond immer die Rolle einer fürsorglichen Mutter zu, die den gebeutelten Kämpfer daheim in ihre tröstenden Arme schließt. Fleming spielt das andeutungsweise bereits in *Diamantenfieber* durch – nachdem Bond den halben Schmugglerring ausgehoben hat und mal wieder ausgiebig gefoltert worden ist, besteigt er gemeinsam mit Tiffany Case den Passagierdampfer Queen Elizabeth bzw. klettert laut Flemings Beschreibung »in den großen, sicheren, dunklen britischen Bauch der Queen Elizabeth«, wo man »die Welt aussperren« kann. (Das echte Schiff dümpelte Anfang der 1970er nach einem Brand im Hafen von Hongkong, wo ihm James Bond vor der Verschrottung die letzte Ehre erwies – in *Der Mann mit dem Goldenen Colt* schlägt M im Rumpf der halbgesunkenen Queen Elizabeth sein Geheimquartier auf, auch das ist ein Statement.)

Die Rolle der Mutterfigur, die mal tadelt, mal Nachsicht walten lässt, ging seit Mitte der 1990er Jahre auf M über, was historisch nur folgerichtig war. Schließlich basierte M laut Einschätzung des Fleming-Biographen John Pearson auf der Mutter des Autors: »einer der wenigen Personen, vor denen er richtig Bammel hatte«. Dass M dann von einem weiteren *national treasure*, der längst geadelten und im Kino u. a. als Queen Victoria und Queen Elizabeth I. aufgetretenen Judi

Dench gespielt wurde, tat sein Übriges, die Souveränin im Bond'schen Familienalbum zu verewigen. Zur Weihnachtszeit präsidierten die Königin und James Bond sogar gemeinsam über die Nation und teilten sich während der Feiertage das Sorgerecht für das daheim eingesperrte Fernsehpublikum. Die am Nachmittag des Ersten Weihnachtsfeiertags ausgestrahlte Ansprache der Queen zählte jahrzehntelang ebenso fest zum britischen Fernsehkalender wie die Wiederholungen alter James-Bond-Filme, unter denen immerhin *Im Geheimdienst Ihrer Majestät* als richtige Weihnachtsgeschichte mit Tannenbaum und Stallszene heraussticht – *Die Welt ist nicht genug* hat zumindest noch eine Dr. *Christmas* Jones im Angebot, mit der Bond erst am Bosporus Europas Ölversorgung sichert und dann im Bett landet. Unter den fünf meistgeschauten Filmausstrahlungen im britischen Fernsehen tummeln sich drei James-Bond-Filme – derlei Einschaltquoten erreichen auf der Insel sonst nur besondere Episoden der langlebigsten Seifenopern, Fußballspiele sowie royale Hochzeiten und Todesfälle.

Wenn Bond und die Queen in der nationalen Fantasie mal ein Ehepaar waren, ereilte sie in den frühen 2000er Jahren der Fluch von Peter Pan und Wendy. Einer der Partner war in Ehren ergraut, der andere stürzte sich mit rückhaltloser Verjüngungswut in immer neue Eskapaden. Am Ende hat sie ihn dann auch nicht lange überlebt bzw. die historische Symmetrie gewahrt: Elizabeth bestieg den Thron 14 Monate vor der Veröffentlichung von Flemings erstem Bond-Roman; elf Monate nach Bonds Tod in *Keine Zeit zu sterben* segnete sie im Jahr 2022 selbst das Zeitliche. Ihr treuer Lebensgefährte hat sogar die Familienehre verteidigt, wenn es darauf ankam.

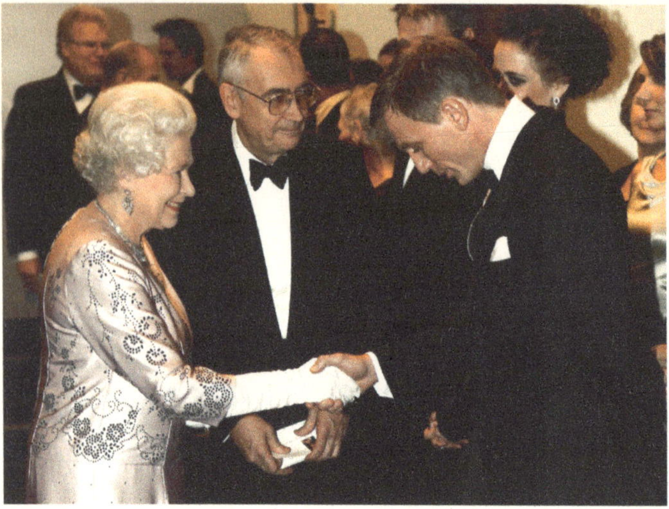

Die Queen begrüßt Daniel Craig bei der Premiere von *Casino Royale* (2006)

Im Diplomatendienst Ihrer Majestät

Als die Punkband Sex Pistols der Königin zum silbernen Thronjubiläum 1977 den erhobenen Mittelfinger entgegenreckte (»God save the Queen / The fascist regime«), ließen die Bond-Produzenten nur sechs Wochen später ihren eigenen Jubiläumsfilm vom Stapel, dessen Titel aus dem Munde der Königin stammen könnte: *Der Spion, der mich liebte*. Der Film ist ein Greatest-Hits-Sampler des britischen Empire und lässt 007 im Lawrence-von-Arabien-Look durch die afrikanische Wüste reiten, zudem endet er mit Roger Moores sprichwörtlich gewordenem Bekenntnis, Großbritannien solle immer obenauf bleiben (»Keeping the British end up!«). Er sagt diesen

Satz im Übrigen, als ihn seine Vorgesetzten nackt auf der gerade geretteten sowjetischen Kollegin antreffen. Was die Queen von derlei Flegeleien hielt, bleibt Spekulation, aber er durfte sich ihrer Anerkennung sicher sein.

Bis heute besuchen Mitglieder der Royal Family die James-Bond-Filmpremieren, und sogar die Queen schüttelte, sofern es ihr Terminkalender zuließ, Bond bei dieser Gelegenheit persönlich die Hand. Diese Gesten royaler Zuneigung – man darf auch die Ritterschläge für Sean Connery und Roger Moore hinzuzählen – unterstreichen, dass James Bond in Großbritannien als treuer Untertan und unersetzlicher Markenbotschafter gilt. Er erfüllt seine Pflicht als britischer Staatsdiener, und dass er dies auch über die Regentschaft von Queen Elizabeth hinaus tun wird, dafür sorgen Ian Flemings Erben. Pünktlich zur Krönung von Charles III. gaben sie bei Charlie Higson, dem Autor der *Young Bond*-Reihe, einen neuen 007-Roman in Auftrag, der einen der bekanntesten Fleming-Titel an entscheidender Stelle abwandelt: *On His Majesty's Secret Service* (2023) lässt keinen Zweifel daran, dass James Bond *Seiner* Majestät dem König genauso verpflichtet sein wird wie dessen Vorgängerin. Zuverlässig rückt Bond die territorialen Grenzen wieder gerade, die durch das Auftauchen ehrgeiziger Plutokraten mit eigener Hausarmee gefährdet worden sind, und hilft zudem, dem Weltatlas wieder ein wenig koloniales Flair zu verleihen. Das Imperium schlägt zurück, wenn auch mit einem Lächeln.

Eine konsequente Dekolonisierung hat bei 007 niemals stattfinden können, weil die Geschichten aus dem Geist der Weltordnung des 19. Jahrhunderts geboren sind. Hier bedarf es der harten britischen Hand, um Recht und Ordnung (wieder-)herzustellen, und einiger Vertrautheit mit lokalen Gebräuchen und Dialekten, um Gefahrenherde zu beseitigen – freilich nicht so viel, dass es die eigene *Britishness* verwässern könnte. Auf seiner Flucht durch den indischen Dschungel in *Octopussy* entzieht sich Bond den versiertesten einheimischen Spurenlesern, schüttelt Schlangen und Krokodile ab, zähmt einen Tiger mit der simplen Anweisung »Sitz!«, und schwingt sich dann noch von Liane zu Liane, während von der Tonspur der Tarzan-Schrei erklingt. Für die einheimischen Kontaktleute des britischen Geheimdienstes bleibt nur die Rolle dienstbarer Wasserträger, die ein wenig lokales Know-how vermitteln und sich dann als brave Winnetous für den hochüberlegenen Old Shatterhand opfern dürfen, der nur übers Wochenende eingeflogen ist. Der Fischer Quarrel gibt dafür in *Dr. No* den Prototyp ab – er bringt Bond mit seinem Boot auf die verbotene Insel, muss aber kurz vor dem Eintritt ins Schurkenversteck sein Leben lassen.

Bond gibt auf seinen Reisen den perfekten Touristen, und das kann man nun für ein Kompliment halten oder auch eben nicht. Einerseits scheinen ihm Wissen und weltmännischer Habitus in die Wiege gelegt worden zu sein, andererseits findet er vor Ort bloß das vor, was die heimische Tourismusindustrie bereits vorsortiert und als sehenswert auserkoren hat. (Fleming hat selbst zugegeben, dass seine Romane mit all den überflüssigen Informationen der Reiseführer ausstaffiert sind.) Darin bestand lange Zeit die Erfolgsformel der Filme – die Autoren dachten erst einmal darüber nach, wo sie gern ein paar Monate Urlaub machen würden, bevor sie sich das passende Handlungsgerüst einfallen ließen, um diese Punkte auf der Karte zu verbinden. Als die Produzenten 1967 den dritten Band der SPECTRE-Trilogie vor dem zweiten verfilmten und damit die Erzählkontinuität in den Wind schossen, geschah das aus dem einfachen Grund, dass sie für den malerischsten

Schneefall im Schweizer Skigebiet zu spät dran gewesen wären und stattdessen lieber nach japanischen Vulkaninseln Ausschau hielten. Speziell in den 1960er und 1970er Jahren packen die Bond-Filme als All-inclusive-Angebot alles in zwei Kinostunden, von dem die Produzenten meinen, es dem Publikum schuldig zu sein. Reist 007 nach Ägypten, führt ihn seine Mission mit Sicherheit zu den Pyramiden, ein Auftrag in Venedig zieht eine Gondelfahrt und einer in Amsterdam einen Abstecher in die Grachten nach sich. Darüber, was als landes*typisch* gilt, wird aus der Ferne entschieden, schwülstige Exotismen sind fester Bestandteil von Bonds DNA. (Das berühmte James-Bond-Thema basiert auf einem recycelten Song des Komponisten Monty Norman, den er ursprünglich für ein Musical im Bollywood-Sound verfasst und für die Sitar instrumentiert hatte.) Bonds unendliche Sightseeing-Fahrt hat nicht nur einen eigenen Zweig der Tourismusindustrie begründet und dazu geführt, dass überall auf der Welt der rote Teppich ausgerollt wird, öffentliche Plätze gesperrt und zur Not die Verkehrsschilder umgepinselt werden, sobald das 007-Drehteam anrückt, er hat auch einen Reisezauber künstlich am Leben gehalten, den man mit den frühen Jahren der kommerziellen Luftfahrt verbindet. Egal wohin, Hauptsache, woanders – die Welt ist nicht genug!

Aller Freude am Exotismus und aller Reiselust zum Trotz zeichnen sich die James-Bond-Abenteuer durch einen Weltschmerz aus, der im Grunde sogar die anspruchsvollen, labyrinthisch verschachtelten Agentengeschichten von John le Carré durchzieht. Auch dessen Spione betrauern den Bedeutungsverlust des Empires und leiden zudem an der Kränkung, weltpolitisch von den USA abgehängt worden zu sein. Die Bond-Romane berichten über diesen Verfall noch in Echtzeit –

zwischen dem Erscheinen der Bände 4 (1956) und 5 (1957) ereignete sich die Suezkrise, von der sich der britische Premierminister Anthony Eden übrigens auf Ian Flemings Anwesen in Jamaika erholte. Flemings Freund Ernest Cuneo hat den Autor in seinem Nachruf als einen verirrten Ritter der Tafelrunde bezeichnet, der nicht damit klarkam, dass Camelot längst verschwunden war – wenn es überhaupt jemals existiert hatte.

Bonds Abenteuer sind spätestens ab den 1970er Jahren intensiv retuschierte Fotoalben, in denen Opa die besten Schnurren seiner Flegeljahre ausbreitet – Balsam für die geschundene Kollektivseele. Obwohl Bond die Hochzeit des Empires nicht erlebt hat, reist er weiter unter dessen Flagge, im Gepäck nicht nur die passende Garderobe, sondern auch Herrschaftsansprüche und technischen Vorsprung. Die Plots tragen zu dieser Fantasie bei, ist es doch zuverlässig Großbritannien, das rechtzeitig die Pläne überstaatlicher Terrornetzwerke wie SPECTRE durchkreuzt, bevor die Großmächte in Ost und West auf den roten Knopf drücken und den atomaren Erstschlag auslösen. In *Diamantenfieber* vereitelt Bond ein Komplott, das sich gegen die *wirklichen* globalen Supermächte – China, die Sowjetunion und die USA – richtet. Das trägt ihm von seinem Gegenspieler Blofeld (Charles Gray) die nicht ganz unberechtigte Rüge ein, er habe sich hier überhaupt nicht einzumischen: »*Ihre* armselige kleine Insel ist ja nicht einmal bedroht worden!« Bonds Freund in den Reihen der CIA, Felix Leiter, ist ein wichtiger Bestandteil dieser Fantasie, denn der einzige ständig präsente Vertreter der USA ist andauernd auf die Hilfe seines weit kompetenteren britischen Kumpels angewiesen. Dieser wird in *Goldfinger* nach getaner Arbeit zum Privatlunch ins Weiße Haus eingeladen, was er aber zugunsten eines Tête-à-Têtes mit Pussy Galore sausen lässt.

Bond tut aber noch mehr, um das angeschlagene britische Selbstbewusstsein zu reparieren: Mindestens ebenso unersetzlich ist er als Großbritanniens langlebigster und profitabelster Kinoexport. Bedenkt man die reale wirtschaftliche Gemengelage, ist Bond natürlich in Wahrheit längst nicht mehr so hundertprozentig britisch, wie es das Marketing behauptet. Die amerikanischen Produzenten, die die Eon-Reihe aus der Taufe hoben, entwarfen die Filme von Beginn an mit Blick auf den US-Markt – und mit US-amerikanischem Geld im Rücken. Bis in die 1980er Jahre hinein wurden für die Neubesetzung der Rolle Amerikaner in Erwägung gezogen, von denen der aus Alfred Hitchcocks *Psycho* (1960) bekannte John Gavin einer Verpflichtung am nächsten kam. Der Vertrag soll bereits unterzeichnet gewesen sein, als sich Sean Connery doch noch einmal zu einem weiteren Film bereit erklärte. Gavin ließ sich ausbezahlen, ging später in die Politik und arbeitete fünf Jahre lang als Ronald Reagans Botschafter in Mexiko. Dass sich auch die pensionierten James Bonds dem Diplomatendienst anschließen, ist angesichts von Bonds Verdiensten um den britischen Kulturexport nicht weiter verwunderlich und zieht sich wie ein roter Faden durch die Geschichte. Sean Connery galt als aufrechter schottischer Patriot und nahm den Ritterschlag der Queen im Kilt entgegen, Roger Moore und Pierce Brosnan engagierten sich als UNICEF-Botschafter.

Von Bonds globaler Strahlkraft hat auch das britische Kino profitiert, dessen Geschichte der Autor Gilbert Adair einmal als »die Geschichte eines Minderwertigkeitskomplexes« bezeichnet hat; François Truffaut ließ sich sogar zu der Bemerkung hinreißen, schon allein das Wetter sei in England *anticinematic*, weshalb das Filmemachen der ganzen Nation einfach nicht im Blut liege. Wer es im britischen Film dennoch zu

Ruhm brachte, ging – wie u.a. Alfred Hitchcock, Cary Grant und Vivien Leigh – früher oder später nach Amerika. Doch der weltweite Siegeszug der James-Bond-Filme in den 1960er Jahren traf Hollywood an einem empfindlichen Punkt, nicht nur, weil man dem vermeintlich piefigen britischen Kino nichts zutraute, sondern auch, weil Bond mit demonstrativer Lässigkeit das junge Publikum eroberte, das die Studios mit ihren altmodischen Erfolgsrezepten nicht mehr erreichten. Im Jahr 1964, als *Goldfinger* in den USA das Publikum in Scharen anlockte, hießen die erfolgreichsten US-amerikanischen Produktionen *Mary Poppins* und *My Fair Lady* – beide sind sympathische Familienunterhaltung, aber es dürfte wohl niemand behaupten, dass diese Filme besonders nah am Zeitgeist waren. Ironischerweise spielen beide in einer knallbunten Hollywoodversion von England, mit Teestunde, Droschken und Gouvernanten.

Saltzman und Broccoli gingen das Risiko ein, der Welt einen Untertan der Queen als cool und zeitgemäß vorzusetzen, was eigentlich ein Widerspruch in sich war. Denn jenseits von 007, so hat es der Journalist Bryan Appleyard formuliert, gibt es im Kino nur vier Kategorien von Engländern: Volltrottel wie Mr. Bean, imperialistische Schnurrbartträger, aalglatte Windbeutel und nervöse Weicheier. Dass man mit dieser Ahnengalerie auf dem US-Markt keine offenen Türen einrennen würde, wusste auch Ian Fleming. Einem Produzenten, der ihn Ende der 1950er Jahre von einer James-Bond-Fernsehserie überzeugen wollte, empfahl der Autor, den Zuschauern »bloß keine Monokel, Schnurrbärte, Melonen und *Bobbys*« zuzumuten. Im Zuge der regelmäßigen Neubesetzung der Rolle ist Bond seither auf eine Reise durch das Commonwealth geschickt worden. Bond, das waren in der Eon-Filmreihe bislang

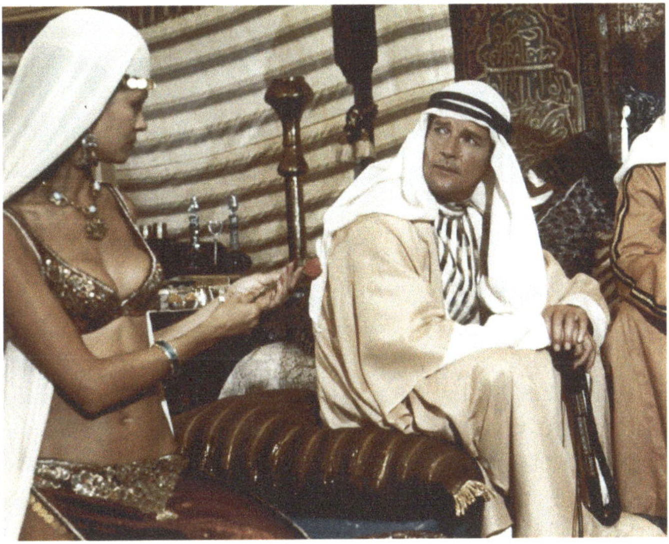

Roger Moore als Kolonialherr in *Der Spion, der mich liebte* (1977)

zwei Engländer (Roger Moore und Daniel Craig), ein Schotte (Sean Connery), der in Wales geborene Sohn eines Engländers und einer Amerikanerin (Timothy Dalton), ein Australier (George Lazenby) und – als geographischer Betriebsunfall – schließlich noch der Ire Pierce Brosnan. Die sachte Internationalisierung, die sich mit Blick auf den globalen Filmmarkt als goldrichtige Entscheidung erweisen sollte, ist für einige Fleming-Puristen Verrat an der Sache, aber schließlich war auch der geschäftstüchtige Autor flexibel, wenn es darauf ankam. Hatte Fleming die genaue Herkunft seines Helden in den ersten Büchern zunächst noch offengelassen, dichtete er ihm später, nach den ersten Filmerfolgen mit Sean Connery, einen schottischen Vater an, um die Vorlagen mit den Filmen auszusöhnen. Die Erfolgsformel fasst der Bond-Forscher James Chapman so zusammen: US-amerikanisches Geld und britisches Kulturkapital ergeben in der Summe »eine für den internationalen Markt taugliche Version von *Britishness*«.

Unter Kolonialherren

Wie das Vermächtnis des 19. Jahrhunderts auch noch zeitgenössische Bond-Geschichten durchwirkt, lässt sich an einem Beispiel erläutern. *Im Angesicht des Todes* ist einer der am meisten von der Kritik verunglimpften Filme der Reihe, was insbesondere mit Roger Moores Alter zu tun hat. Moore drehte seine Abschiedsvorstellung, die von der *Zeit* als *Im Angesicht des Alters* verspottet wurde, mit 57 Jahren (bis heute das Höchstalter für einen Bond) und gestand später, »gut und gern 400 Jahre zu alt« für die Rolle gewesen zu sein. Es mag schwerfallen, das faltige Gesicht des Hauptdarstellers mit den waghalsigen Stunts auszusöhnen (er snowboardet, er galoppiert auf dem Pferd, er klettert die Golden Gate Bridge hoch), aber andererseits sollte man sich vielleicht nicht (nur) am Alter von Roger Moore abarbeiten, um die Vorstellung, ein einzelner agiler Brite könne die westliche Welt vor dem Untergang retten und dabei noch Zeit genug für Cocktails und sexuelle Eskapaden haben, lächerlich zu finden.

Moores Alter trägt nicht unwesentlich dazu bei, den Film in der Kolonialtradition zu verorten. *Im Angesicht des Todes* basiert auf keinem Fleming-Plot, recycelt dafür aber zahlreiche Elemente aus H. Rider Haggards *König Salomons Diamanten* (1885), dem bekanntesten viktorianischen Abenteuerroman.

In diesem obliegen die Schatzsuche und die erfolgreiche Zähmung der afrikanischen ›Wilden‹ dem gealterten Haudegen Allan Quatermain und seinem tapsigen Begleiter, Captain Good. Im fiktiven Kukuanaland stoßen sie auf eine sagenumwobene Schatzkammer und stürzen auch noch den Despoten Twala, der sein Volk mithilfe der alten Hexe Gagool tyrannisiert. Der genau hundert Jahre später entstandene Bond-Film spielt zwar nicht in Afrikas unterirdischen Höhlen, dafür aber in der modernen Schatzkammer der Vereinigten Staaten: Silicon Valley. Der Hightech-Plot von *Im Angesicht des Todes* lässt die vertrauten Bond-Zutaten nur umso anachronistischer erscheinen, zumal die erste Hälfte im Pferdesportmilieu angesiedelt ist. Bond und seine Verbündeten beim Geheimdienst, allesamt gespielt von Herren im Alter von 62 bis 70, scheinen sich in dieser Umgebung wohlzufühlen.

Genauso wie Quatermain wacht Roger Moore eher als eine Art Alterspräsident über den Plot, die Schwerstarbeit verrichten seine Stuntdoubles. Der gealterte Quatermain wird zwar in Haggard-Verfilmungen meist von jüngeren Männern gespielt (prominente Ausnahme: Sean Connery 2003 in seinem allerletzten Filmauftritt, *Die Liga der außergewöhnlichen Gentlemen*), aber im späten 19. Jahrhundert verkörpert er die Weisheit des britischen Imperiums, die synonym mit technischem Fortschritt ist. Entledigt sich Bond seiner Verfolger mit Gadgets aus der Welt der Science-Fiction, genügen Quatermain und seinen Freunden etwas Schießpulver und ein künstliches Gebiss, um die abergläubischen Eingeborenen davon zu überzeugen, dass sie Götter sind. Ein anderes Kaliber ist die Hexe Gagool, die als Summe aller rassistischen Vorurteile über ›die Wilden‹ wie ein Tier faucht, sich auf allen vieren bewegt und die Klauen ausfährt. Bei Bond taucht diese monströse

Kannibalin in Gestalt der von Grace Jones gespielten May Day auf. Die darf zwar als eine der wenigen Bond-Frauen oben liegen (unklar bleibt, wer hier wen verführt bzw. zähmt), fügt sich aber in Bonds gängiges Beuteschema. Konflikte bei Bond sind fast immer Territorialstreitereien, die u.a. sexuell ausgehandelt werden. In *König Salomons Diamanten* ähnelt die Landkarte einem Frauenkörper, damit dem Leser einleuchtet, dass die Briten hier ›jungfräuliches Gelände‹ erobern. Auch diese Tradition lebt besonders in der Ära Roger Moore wieder auf – sein James Bond defloriert Solitaire (*Leben und sterben lassen*), die ›weiße Jungfer‹ in der Gewalt des schwarzen Schurken, und in *Der Spion, der mich liebte* kredenzen ihm seine Gastgeber in Ägypten ein junges Mädchen, dessen sich Bond mit den Worten annimmt, als Besucher des Landes »sollte man auch in seine Geheimnisse eindringen«.

Grace Jones ist als May Day zweifelsohne eine der eigenwilligsten und unangepasstesten Frauen der Reihe, aber im Unterschied zu Pussy Galore, die sich von Bond für die gute Sache ›bekehren‹ lässt, ist sie zu wild und, so darf man unterstellen, auch nicht weiß genug, um den Showdown des Films zu überleben. Nachdem May Day – ähnlich wie die Hexe Gagool – in den Minen ums Leben gekommen ist, flieht Bond vor dem Erdgeist in die Arme der harmlosen, blonden Stacy Sutton. Es sollte noch bis zu Beginn des 21. Jahrhunderts dauern, bis mit Halle Berry (in *Stirb an einem anderen Tag*) eine afroamerikanische Bond-Partnerin das Filmende erleben durfte, und dann noch einmal zwei Jahrzehnte, bis die Nummer 007 an eine schwarze Geheimagentin übergehen sollte, nämlich an die von Lashana Lynch gespielte Nomi (in *Keine Zeit zu sterben*).

007 »Hobbys?« – »Auferstehung!«

Wie viele andere Serienhelden pflegt James Bond ein widersprüchliches Verhältnis zur Chronologie und zum Alter. Da er sich bereits seit über einem halben Jahrhundert bemüht, in Mode zu bleiben, betätigen die Produzenten in regelmäßigen Abständen die *Reset*-Taste, um ihre Marke am Leben zu halten und einigermaßen glaubhaft um ein jüngeres oder besser: ein *nachwachsendes* Publikum zu buhlen. Als ernsthafte Anwärter auf die Position als ›bester‹ Bond aller Zeiten werden in der Regel nur diejenigen Schauspieler genannt, die der Rolle über einen längeren Zeitraum ihren Stempel aufgedrückt und ein klares Statement dazu abgeliefert haben, was Bond für das jeweilige Jahrzehnt sein sollte. Die prägendsten Bonds schaffen das nach einer Aufwärmphase, in etwa mit ihrem dritten Auftritt – Connery mit der spritzigen Märchenfantasie *Goldfinger*, Moore mit dem hinreißend maßlosen Blockbuster *Der Spion, der mich liebte*, Craig mit dem Nostalgiefest *Skyfall*. Rückblickend erscheinen diese Filme wie die jeweiligen Zenite ihrer Hauptdarsteller; ab Film Nr. 4 registriert die Kritik in der Regel Ermüdungserscheinungen und beginnt, über Nachfolger und Verjüngungskuren zu spekulieren. In *Skyfall* wird dieses Muster ironisch umspielt, als Bond auf die Frage nach

In fünf Schritten zum schlagkräftigen Bond-Titel

(1) Sprechen Sie im Titel direkt **Tod und Sterben** an, oder verweisen Sie zumindest auf die **Endlichkeit des Daseins**. Mut zu drastischer Wortwahl!

Titel **(und Übersetzung)**	**Medium, Jahr**
Live** and Let **Die (Leben und sterben lassen)	Roman, 1954
*Licence to **Kill*** (Lizenz zum Töten)	Film, 1989
Tomorrow** Never **Dies (Der Morgen stirbt nie)	Film, 1997
*No **Time** to **Die*** (Keine Zeit zu sterben)	Film, 2021

Tipp für Übersetzer: Kaum übertragbare englische Redewendungen im Titel lassen sich so mit Leichtigkeit ersetzen (vgl. *In tödlicher Mission*, *Im Angesicht des Todes* und *Der Hauch des Todes*).

(2) Auch Glücksspiel-Titel sind krisensicher. Schließlich wirft das Spiel mit **hohen Einsätzen** Spannung *und* dehnbare Metaphern ab.

Casino Royale	Roman, 1953
Risico (Risiko)	Story, 1960
Everything or Nothing (Alles oder nichts)	Videospiel, 2003
Carte Blanche	Roman, 2011

(3) Die besten Bond-**Schurken** tragen die Bedrohung schon im Namen. Da müsste doch ein ausreichend sinisterer Titel abfallen!

Dr. No	Roman, 1958
Goldfinger	Roman, 1959
The Man with the Golden Gun (Der Mann mit dem goldenen Colt)	Roman, 1965
Scorpius	Roman, 1988

(4) Wenn gar nichts mehr geht, greifen Sie auf **Technologie-**Schlagworte zurück, die zünftige **Explosionen** verheißen – es darf blitzen und donnern!

Moonraker (Mondblitz)	Roman, 1955
Thunderball (Feuerball)	Roman, 1961
Icebreaker (Eisbrecher)	Roman, 1983
DoubleShot (DoppelSchuss)	Roman, 2000

(5) Zusatztipp von Dr. No: Für einen guten James-Bond-Titel ist eine **Verneinung** einer Bejahung vorzuziehen. *Niemals*, *Niemand*, und *Nicht* machen sich in jedem Titel gut, also lieber *Die Welt ist nicht genug* statt *Die Welt ist im Grunde völlig ausreichend.*

Anwendungsaufgabe für Fortgeschrittene:
Welche der folgenden Titel gehören **nicht** zu offiziellen Bond-Romanen und -Filmen?

1. *Forever and a Day* (Ewig und ein Tag)	6. *Never Is Not Enough* (Niemals ist nicht genug)
2. *Fatal Discharge* (Tödliche Entladung)	7. *Heads You Die* (Bei Kopf stirbst du)
3. *Goldmember* (Goldständer)	8. *SilverFin* (Silberflosse)
4. *Nobody Lives for Ever* (Niemand lebt für immer)	9. *Twice Is More than Once* (Zweimal ist mehr als einmal)
5. *You Only Live Until You Die* (Man lebt nur, bis man stirbt)	10. *You Have the Right to Remain Dead* (Sie haben das Recht, tot zu bleiben)

(Die Lösung folgt auf der kommenden Seite.)

seinen Hobbys mit »Auferstehung« antwortet – insofern ist es gar nicht verwunderlich, dass Daniel Craigs Abschiedsvorstellung 2020 ursprünglich zu Ostern starten sollte (statt zum traditionellen Novembertermin), und dass sie einen so trotzigen, wenn auch recht beliebig wirkenden Titel bekommen hat, in der die beiden beliebtesten Wortfelder der Bond-Reihe, nämlich Zeitlichkeit (*never*, *(for)ever*, *day*, *tomorrow*) und Tod (*die*, *kill*), zusammenkommen.

Auch bei Ian Fleming nagt der Zahn der Zeit unbarmherzig am Helden. Im vorletzten Roman *Du lebst nur zweimal* (1964) gesteht sich der Held ein, das Herannahen der »mittleren Jahre« zu spüren, und anhand der dort gelieferten biographischen Eckdaten lassen sich die Ereignisse der Bücher auf ca. 1951 bis 1964 datieren – der Roman-Bond wäre demnach ein von ca. dreißig bis Anfang vierzig alternder Mann. Es bleibt Spekulation, ob Fleming seinen Helden weiter in Echtzeit hätte altern lassen, wenn er während der Arbeit an *Der Mann mit dem goldenen Colt* (posthum 1965) nicht verstorben wäre, oder ob er ihn allmählich in die mythische Alterslosigkeit überführt hätte, so wie es Arthur Conan Doyle in den meisten Sherlock-Holmes-Geschichten handhabt. In *Moonraker* legt Fleming

Lösung zur Anwendungsaufgabe von S. 91:

Offizielle Bond-Titel:

1. Roman von Anthony Horowitz // 4. Roman von John Gardner //
7. Roman von Steve Cole // 8. Roman von Charlie Higson

Keine offiziellen Bond-Titel:

2. und 10. Titel aus der fiktiven *McBain*-Reihe bei den *Simpsons* //
3. Austin-Powers-Film // 5. Parodie von Sol Weinstein //
6. und 9. Titel aus der Satire-Website *LiarTown*

das Pensionierungsalter für Doppelnull-Agenten auf fünfundvierzig fest; so alt war Roger Moore gerade einmal, als er die Rolle zum ersten Mal spielte. Obwohl die Bond-Romane eine stabilere Chronologie vorgeben als die Filme (und auch möglichst in der korrekten zeitlichen Abfolge gelesen werden sollten), ist der Held bei Fleming zugleich alters*los* und bleibt ohne größere Entwicklung. Erst mit seiner SPECTRE-Trilogie (1961–1964), also auf den letzten Metern seines literarischen Schaffens, legt der Autor epischere Ambitionen an den Tag und unterzieht Bond einem Martyrium von Trauerarbeit, Gedächtnisverlust und Gehirnwäsche.

Nur ein paar Schwundspuren davon haben es ins Kino geschafft, weil die Produzenten die Stoffe eher im Hinblick auf Schauwerte und Umsetzbarkeit auswählten. Die ersten fünf Filme handeln die Romanbände 6, 5, 7, 8 und 11 ab, die einzige dominante Bewegungsrichtung lautet »Höher! Weiter! Mehr!«, indem die Budgets explodieren und die Gimmicks immer ausgefallener werden. Erzählerische Zusammenhänge, die in den Bond-Filmen mit Daniel Craig so wichtig werden sollten, beschränken sich hier noch auf gelegentliche Gastauftritte des notorischen Katzenstreichlers Ernst Stavro Blofeld. Die Idee, Auric Goldfinger nachträglich einen Zwillingsbruder anzudichten, um einen der populärsten Filme der Reihe weiterspinnen zu können, kam um 1970 nicht über einen Drehbuchentwurf hinaus. Allerdings wurde die Kontinuität zum Thema, als Sean Connery nach fünf Filmen den Dienst quittierte. Gelegentlich wird behauptet, Connerys Nachfolger George Lazenby sei wegen Erfolglosigkeit nur einmal als Bond zum Einsatz gekommen und dann von den Produzenten gefeuert worden. Das entspricht aber nicht den Tatsachen. Tatsächlich gab Lazenby die Rolle auf Anraten des Musikproduzenten Ronan O'Rahilly auf, weil dieser der Meinung war, Bond habe jenseits der 1960er Jahre keine Zukunft und werde über kurz oder lang ohnehin von den Hippies aus dem kulturellen Mainstream verdrängt werden. Ob O'Rahilly ein Absolvent derselben Managementschule wie der Plattenproduzent Dick Rowe war, der 1962 die Beatles mit der Bemerkung abgelehnt haben soll, für Gitarrenbands sei der Zug eh bald abgefahren?

An keinem Film der Bond-Reihe scheiden sich die Geister derart hartnäckig wie am Lazenby-Intermezzo, *Im Geheimdienst Ihrer Majestät*, dessen Swinging-Sixties-Vibe ihn ziemlich unbarmherzig datiert. Kein anderer Bond-Film riskiert derart viel psychedelische Ästhetik oder zeigt Bond beim Blättern in einer *Playboy*-Ausgabe. Faszinierend ist der Film allemal – schon aufgrund seiner zaghaften Versuche, aus dem Schatten des übermächtigen Vorgängers zu treten und das Publikum davon zu überzeugen, Bond könne ein *Serientäter* sein, der zum Überleben nicht auf Sean Connery angewiesen ist. Legendär ist Bonds Ausruf angesichts der in der ersten Szene vor ihm fliehenden jungen Frau (»Das wär dem andern nie passiert!«), im Vorspann rieseln in der Art einer »Was bisher geschah«-Serienmontage Highlights der ersten fünf Filme durch eine Sanduhr, und beim Ausräumen seines Büroschreibtischs stößt ›der Neue‹ auf Souvenirs aus der Ära Connery. Deutschsprachige James-Bond-Fans dürften zudem unterbewusst registrieren, dass man bei der Synchronisation weiterhin auf Sean Connerys Sprecher, Gert Günther Hoffmann, baute. Die Idee, Bonds verändertes Aussehen durch eine Gesichtstransplantation zu erklären, blieb zwar beim Überarbeiten des Drehbuchs auf der Strecke, aber ansonsten lässt der Film keinen Zweifel daran, dass es hier um eine Weitererzählung, keine Neuerfindung von James Bond geht.

Unterbewusst sind bereits Sean Connerys Filme von der Idee besessen, dass Bond austauschbar ist und immer wieder reanimiert werden muss. Als Running Gag der frühen Bond-Filme muss Connery als unverwüstlicher Lemming herhalten, der diverse ›Tode‹ stirbt, die aber nur als Anlass für die jeweils nächste Wiedergeburt dienen. Film Nr. 2, *Liebesgrüße aus Moskau*, beginnt mit der Ermordung eines James-Bond-Doppelgängers zu Trainingszwecken, die erste Einstellung in *Feuerball* zeigt einen Sarg mit den Initialen J.B. (der allerdings dem SPECTRE-Handlanger Jacques Bouvar gehört), und am Anfang von *Man lebt nur zweimal* fingiert Bond seinen eigenen Tod, um inkognito ermitteln zu können. Als Fußnote zu diesem Running Gag schiebt Connery in seinem *ersten* Comebackfilm *Diamantenfieber* seinen Ausweis einem getöteten Gegenspieler unter (was den Aufschrei der zuschauenden Tiffany Case provoziert: »Sie haben *James Bond* umgebracht!«) und stirbt bei seinem *zweiten* Comeback (*Sag niemals nie*) nach fünf Minuten den Tod im Trainingslager. Das finden wir als Zuschauer lustig, weil wir ja wissen, dass der mythologische Übermensch James Bond den banalen Gesetzen der Vergänglichkeit enthoben ist, die dauernd in den Titeln der Filme anklingen. Aber den Filmtiteln kann man ja ohnehin nicht mehr trauen, seitdem Bonds letztes Stündlein ausgerechnet in einem Film schlug, der *Keine Zeit zu sterben* hieß.

Klar ist, dass jeder Darsteller in der Rolle prinzipiell ersetzbar ist. Als regelrecht prophetisch erscheint in diesem Zusammenhang die legendär chaotische Verfilmung von *Casino Royale* (1967), die der Produzent Charles Feldman auf dem Höhepunkt des Bond-Hypes aus der Taufe hob. Nach allgemeinem Dafürhalten ist dieser Film eine zu absurden Proportionen aufgeblasene Katastrophe, an der Dutzende planlose Autoren und

Man lebt nur ... wie oft? Bonds gesammelte Tode

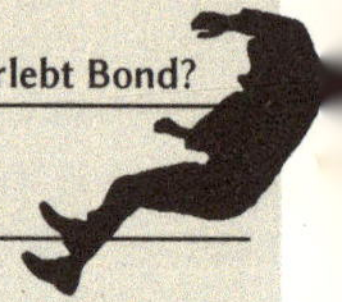

Jahr	Todesursache	Story	Wie überlebt Bond?
1955	Erstochen mit vergifteter Klinge	*Liebesgrüße aus Moskau* (Roman)	unklar
1963	Stranguliert von Red Grant	*Liebesgrüße aus Moskau* (Film)	war nur ein Doppelgänger
1967	Erschossen von Agenten	*Man lebt nur zweimal* (Film)	war nur ein fingiertes Attentat
1969	Gebrochenes Herz	*Im Geheimdienst Ihrer Majestät* (Film)	durch Umbesetzung der Rolle
1983	Erstochen von einer Geisel	*Sag niemals nie* (Film)	war nur eine Simulation
2006	Herzstillstand nach Vergiftung	*Casino Royale* (Film)	reanimiert von Vesper Lynd
2012	Erschossen von Moneypenny	*Skyfall* (Film)	unklar – möglicherweise ein Testosteron-Schutzpanzer
2021	Raketeneinschlag	*Keine Zeit zu sterben* (Film)	per Reboot

Regisseure mitwirkten. Diesem Urteil kann man sich eigentlich nur anschließen, wenn man den Film, der im Minutentakt mit Weltstars wie Daliah Lavi, Orson Welles und Woody Allen aufwartet, heute sieht. Er erinnert an einen verzweifelten, hyperaktiven Alleinunterhalter, der dem Publikum im Sekundentakt Einfälle vor die Füße donnert, in der schwach begründeten Hoffnung, irgendeiner davon werde schon Gefallen finden. Und auch wenn man sich bereits nach der Szene im schottischen Gruselschloss, nach dem in London landenden Ufo und spätestens beim Anblick des im Casino einfallenden Indianerstamms aus dem Film verabschieden möchte, die Grundidee ist sehr hübsch: Der aus der Rente zurückgekehrte James Bond (David Niven) beschließt, alle Geheimdienstler in James Bond 007 umzubenennen, um den Feind zu verwirren. Das ist angesichts der bereits grassierenden Welle von Bond-Imitaten, die ab Mitte der 1960er Jahre in die Kinos kamen (sie hießen u.a. Matt Helm und Derek Flint), nur konsequent und nimmt die zahlreichen Versuche der Bond-Produzenten vorweg, ihre Reihe ohne Brüche in der Kontinuität ins Unendliche zu verlängern.

Weil die Idee des Reboots, der sich im Zeitalter der Comicfilme in immer kürzeren Abständen ereignet, noch nicht geboren war, gaukelte man dem Publikum lieber vor, jedes neue James-Bond-Abenteuer sei ein weiteres Kapitel im identischen Familienalbum. Über kleinere Personalwechsel ging man stillschweigend hinweg: Hier ist dein Onkel Timothy, wo vorher noch dein Onkel Roger war – aber sieh mal, Großpapa Q ist immer noch ganz der Alte. Selbst, als Daniel Craig die Rolle übernahm und man James Bond von vorn durchdachte, blieb Judi Dench als M im Amt, und zahlreiche hinter der Kamera Beschäftigte aus der Pierce-Brosnan-Ära wirkten auch weiterhin mit. Das entspricht dem Selbstverständnis von Eon Productions als Familienunternehmen, dessen Kontrolle irgendwann vom Über-Produzenten Broccoli auf die Tochter Barbara Broccoli und den Stiefsohn Michael G. Wilson überging. Die Erzählung vom familiären Teamgeist gehört zur Firmenfolklore der meisten Franchises, egal ob die Stammesväter Walt Disney oder Stan Lee hießen. Auch die Bond-Familie hat inzwischen eine größere Sammlung angeheirateter Verwandter und Beinah-Verwandter angehäuft, über deren Zugehörigkeit zum Clan nur die Broccolis entscheiden. Lassen potentielle Famili-

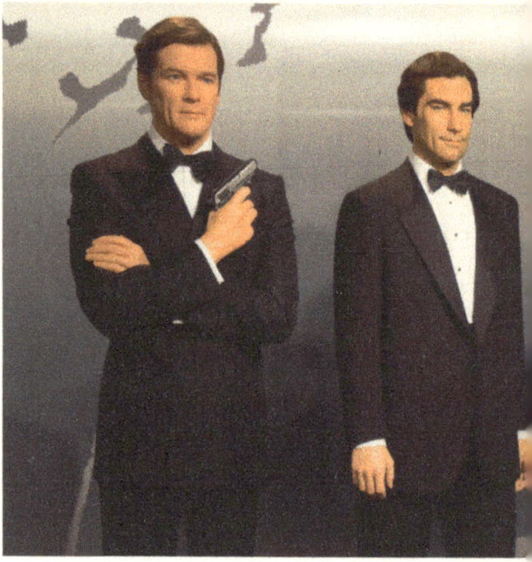

Vereint bei Madame Tussauds in London: die sechs James-Bond-Darsteller der Eon-Reihe

enzuwächse zu viel Eigeninitiative aufblitzen, wird der Knopf mit dem Schleudersitz gedrückt – so wurde der Regisseur Danny Boyle nach drei Monaten Arbeit an *Keine Zeit zu sterben* durch Cary Joji Fukunaga ersetzt, und mit dem für *GoldenEye* angeheuerten Komponisten Eric Serra überwarf man sich, weil dieser nicht auf das klassische James-Bond-Thema zurückgreifen wollte. Die Broccolis verwalten überdies den geheimen Tresor der Familie, in dem die Familiengeheimnisse lagern, z. B. die Probeaufnahmen erfolgloser Bond-Kandidaten.

In der Dramaturgie der Reihe hat das Beharren auf Kontinuität teils kuriose Folgen produziert. Am Anfang von *In tödlicher Mission* besucht James Bond die letzte Ruhestätte seiner Frau Teresa, deren Sterbejahr auf dem Grabstein mit 1969 angegeben wird. Der 1981 erschienene Film bekennt sich damit nicht nur dazu, an die Ereignisse eines Films mit einem ande-

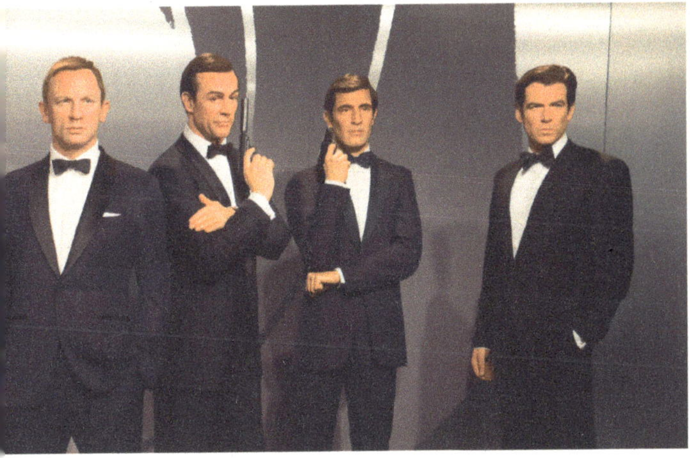

ren Bond-Darsteller anzuschließen, er suggeriert auch, dass die *Erscheinungs*jahre den *Handlungs*jahren entsprechen, Roger Moore damit der zwölf Jahre ältere Wiedergänger George Lazenbys ist, der wiederum in seinem einzigen Film als die ältere Version von Sean Connery ausgegeben wird (obwohl er fast ein Jahrzehnt jünger als sein Vorgänger ist). Es ist Lazenbys James Bond, der seine Frau verliert, aber Connerys Bond, der diesen Verlust dann in seinem Comebackfilm eher halbherzig verarbeitet. Anscheinend vermuteten selbst die Produzenten, das Publikum werde ja wohl kaum von Connery erwarten, eine Tragödie zu rächen, die nur seine Urlaubsvertretung anging. Connery scheint sich weder besonders darüber zu wundern, dass sein Rivale Blofeld keinerlei Ähnlichkeit mit den beiden anderen Blofelds der letzten beiden Filme besitzt, noch dass dieser neue Blofeld seinem Geheimdienstkollegen Dikko Henderson aus dem vier Jahre zuvor gedrehten *Man lebt nur* *zweimal* wie aus dem Gesicht geschnitten ist (beide werden von Charles Gray gespielt).

Solche Brüche sind nur dann erklärbar, wenn man sich wirklich auf die Idee der 1960er-Klamotte *Casino Royale* einlässt: dass es sich bei der Doppelnull-Abteilung des britischen Geheimdiensts in Wahrheit um eine Armee geklonter, beliebig ersetzbarer Replikanten handelt. (Für den zum 50-jährigen Jubiläum produzierten Film *Skyfall* war kurzzeitig eine ähnliche Idee im Gespräch – Bonds Festung sollte von einem Trupp ehemaliger Bond-Darsteller bewacht werden.) Da bleibt für die Kollegen beim MI6 nur noch die tragische Rolle temporärer Weggefährten, die unbarmherzig altern müssen, während sich 007 in regelmäßigen Abständen einer magischen Verjüngungskur unterzieht. Desmond Llewelyn spielte 36 Jahre lang den Waffenschmied Q, Lois Maxwell die Miss Moneypenny immerhin 23 Jahre lang. Wenn Bond eine verkappte Dorian-Gray-Figur ist, dann sind Q und Moneypenny die im Dachgeschoss dahinvegetierenden Porträts. Natürlich sind sie auch unsere Leidensgenossen. An *uns* nagt der Zahn der Zeit und nicht an Bond, dessen zyklischer Biorhythmus auf die Wiederkehr des Immergleichen eingestellt ist. Michael G. Wilson, der die Reihe gemeinsam mit Barbara Broccoli seit den 1990er Jahren verantwortet, hat einmal gesagt, er sei in derselben Position wie der US-amerikanische Kongress: »Die müssen sich alle zwei Jahre zur Wiederwahl stellen. *Wir* bringen alle zwei Jahre einen neuen Bond-Film raus. Die Leute geben an der Kinokasse ihre Stimme ab. Entweder werden wir wiedergewählt oder eben nicht.« Solange ihm das Publikum die Treue hält, werden dem Spion, der keine Zeit zu sterben hat, mit Sicherheit noch einige Auferstehungen glücken.

Lektüretipps

Zur Entstehung und Geschichte der James-Bond-Reihe

Altman, Mark A. / Gross, Edward: Nobody Does It Better: The Complete, Uncensored, Unauthorized Oral History of James Bond. New York 2020.

Cork, John / Stutz, Collin: James Bond Enzyklopädie. München 2008.

Duncan, Paul (Hrsg.): The James Bond Archives. Köln 2023.

Field, Matthew / Chowdhury, Jay: Some Kind of Hero. The Remarkable Story of the James Bond Films. Cheltenham 2018.

Fleming, Fergus (Hrsg.): The Man with the Golden Typewriter: Ian Fleming's James Bond Letters. London 2016.

Moore, Roger / Owen, Gareth: Bond über Bond: Alles über die erfolgreichste Kinoserie der Welt. München 2012.

Sellers, Robert: The Battle for Bond. Sheffield 2008.

Kulturwissenschaftliche und politische Analysen des James-Bond-Phänomens

Black, Jeremy: The World of James Bond. The Lives and Times of 007. Lanham 2021.

Britton, Wesley A.: Beyond Bond: Spies in Fiction and Film. Westport 2005.

Buono, Oreste del / Eco, Umberto (Hrsg.): Der Fall James Bond: Ein Phänomen unserer Zeit. München 1966.

Comentale, Edward P. u. a. (Hrsg.): Ian Fleming and James Bond: The Cultural Politics of 007. Bloomington 2005.

Frenk, Joachim / Krug, Christian (Hrsg.): The Cultures of James Bond. Trier 2011.

Grünkemeier, Ellen u. a. (Hrsg.): Das kleine Bond-Buch: From Cultural Studies with Love. Marburg 2007.

Higgs, John: Love and Let Die. Bond, The Beatles and the British Psyche. London 2022.

Lindner, Christoph (Hrsg.): The James Bond Phenomenon: A Critical Reader. Manchester 2009.

Rain, John: Thunderbook. The World of Bond according to Smersh Pod. Edinburgh 2022.

Rauscher, Andreas u. a. (Hrsg.): Mythos 007: Die James-Bond-Filme im Fokus der Popkultur. Mainz 2007.

Strong, Jeremy (Hrsg.): James Bond Uncovered. New York 2018.

Verheul, Jaap (Hrsg.): The Cultural Life of James Bond. Specters of 007. Amsterdam 2020.